Ingrandimenti

Raffaele Morelli

PUOI FIDARTI DI TE

MONDADORI

Dello stesso autore
nella collezione Ingrandimenti

Ciascuno è perfetto
Non siamo nati per soffrire
Le piccole cose che cambiano la vita
Ama e non pensare
Il sesso è amore

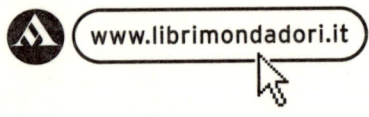

Puoi fidarti di te
di Raffaele Morelli
Collezione Ingrandimenti

ISBN 978-88-04-59350-8

© 2009 Arnoldo Mondadori Editore S.p.A., Milano
I edizione ottobre 2009

Indice

9		*Introduzione*
15	1	Chi sei, e chi credi di essere
27	2	L'Immagine Originaria
35	3	Affidati alla tua immagine
45	4	Puoi fidarti di te
55	5	Pensare stanca l'anima
67	6	Che cosa ti piaceva da bambino?
79	7	Solo le immagini sanno curarci
89	8	Lascia le cose esattamente come sono
101	9	I sogni sanno molte più cose di noi
		Conclusioni
109		Perché faccio questo lavoro
123		*Bibliografia*

Puoi fidarti di te

Introduzione

Alberto ha sospeso gli psicofarmaci da sei mesi. Mi telefona per dirmi che gli è tornata l'ansia nei momenti più imprevedibili della giornata, soprattutto sul lavoro, quando deve dimostrare di essere all'altezza dello studio di commercialista che ha ereditato dal padre.

È difficile sopportare la sensazione di essere impotenti, sconfitti, di non essere "all'altezza". Pensiamo che, se stiamo male, significa che c'è in noi qualcosa che non va, che siamo "sbagliati" e siamo disposti a tutto per risolvere il nostro senso di disagio.

Naturalmente chi ragiona così corre il rischio di trovare un esperto che gli convalida la sua idea di malattia. Quanti psichiatri dicono ai loro pazienti che il loro disagio, gli attacchi di ansia o di panico dipendono solo dalla chimica alterata del cervello. E allora giù con le pastiglie! Questa non è la mia strada.

Gli psicoterapeuti invece cercano le cause psichiche del disagio. Alberto andava da un collega che spiegava i suoi disturbi come ansia da emulazione del padre, come il volersi adeguare a un lavoro che non gli piaceva e non gli corrispondeva.

Io, al contrario, non mi chiedo mai qual è la causa di un disagio. Mai. Conosco troppo bene le leggi dell'anima, almeno quelle che si possono cogliere di un territorio così vasto e inaccessibile, per non sapere che la nostra interiorità vive in un luogo dove non c'è la legge di causa-effetto. In un disturbo l'anima esprime un mondo intero. Se vogliamo affrontare davvero i disagi che vengono a visitarci, dobbiamo sapere che stiamo entrando in contatto con un'altra dimensione, un altro universo. Le leggi del visibile, le leggi della scienza, le spiegazioni sono la cosa più lontana che esiste dal nostro Sé.

A me invece interessava l'Immagine che Alberto aveva perduto. Negli anni era ingrassato e il volto aveva perso i suoi lineamenti, la sua espressività. Non aveva più immagini, fantasie, non sapeva più neppure cosa fosse la creatività: era diventato un produttore di pensieri, di ragionamenti da commercialista e la sua vita era tutta concentrata in quello sguardo ristretto. Ti ammali quando sei una sola cosa, quando "reciti" un solo personaggio, quando tutto è sotto controllo, quando credi che la tua vita sia tutta negli obiettivi che ti sei messo in mente, quando credi di raggiungere uno scopo, quando la tua esistenza è un concentrato di abitudini.

Ti ammali quando hai perso il tuo posto nel mondo... Non saranno mai i pensieri e i ragionamenti, né gli psicofarmaci, a restituircelo. Il nostro posto nel mondo dipende da un'essenza invisibile, qualcosa che ha la consistenza delle immagini. È più facile che si manifesti in un sogno o in accadimenti che arrivano all'improvviso e che ci sorprendono. L'essenza non vive nel tempo conosciuto, non è fatta per essere capita o spiegata, ma per realizzare il posto che ciascuno di noi deve avere nel mondo. Se non lo trova si ammala. Quando stiamo male l'essenza in realtà ci sta parlando, a modo suo. Per questo insegno alle persone che vengono da me a trattare i loro disagi come cose preziose, cose rare, speciali.

Così ad Alberto ho consigliato di custodire la sua ansia, di fidarsi di lei, di ascoltarla, di percepirla, quando arrivava. Gli ho dato un consiglio: di immaginare un altro uomo, con un altro volto, che abitava dentro di lui. Inizialmente faceva molta fatica. Ma, seduta dopo seduta, socchiudeva gli occhi e vedeva il viso di un ragazzo giovane. "Dia un nome a questa immagine" gli ho detto. "Mi piace Walter" mi ha risposto. Naturalmente come Walter vedeva la sua vita completamente diversa, più naturale, più semplice.

Attivare dentro di noi l'immagine di un altro volto, diverso dal nostro abituale, è molto utile per fare scendere in campo le forze risanatrici del nostro Sé. Molte volte dico ai miei pazienti: "Socchiuda gli occhi e immagini il volto di un uomo o di una donna". Tutti facilmente vedono il viso di una "persona sconosciuta", per cui sentono affinità. Quel "volto" corrisponde quasi sempre a capacità innate, naturali, che magari erano presenti nell'infanzia ma che via via sono andate affievolendosi e sono state sostituite dal nostro Io, dalla nostra identità, dalla nostra storia, dagli schemi che abbiamo assorbito, dai pensieri, dai ragionamenti, insomma da quello che ci siamo messi in testa di essere. In ognuno di noi c'è un'immagine nascosta, che ha poteri immensi ed è a diretto contatto con la nostra essenza e che non vede l'ora di essere richiamata, di scendere in campo, per curare i nostri disagi e farci trovare il nostro vero posto nel mondo.

Quasi sempre questa immagine nascosta possiede capacità che ognuno di noi ha rimosso, che ignora o che non crede di possedere. Spesso a chi viene da me chiedo come si veste, cosa mangia, che interessi ha, che relazioni intrattiene questa Immagine, questo volto che ci compare a occhi socchiusi. È sbalorditivo constatare che questa Immagine, questo volto che viene a trovarci ha un legame con cibi, profumi, persone, desideri che il paziente non ammetterebbe mai.

Così le cose che per Alberto erano pesanti e difficili e spesso vissute con ansia, acquistavano spontaneità e leggerezza quando assumeva l'identità di Walter. In poco tempo ha incominciato a cambiare il modo di vestirsi e di fare l'amore con sua moglie, e sono nati nuovi interessi, come partecipare a viaggi avventurosi nel deserto o arrampicarsi in montagna. Tutte cose che da ragazzo lo entusiasmavano e che via via erano sfumate fino a scomparire dalla sua esistenza. La cosa sorprendente è che l'Immagine di Walter che aveva attivato dentro di sé non aveva paura di niente e di nessuno, sapeva reagire con prontezza e spontaneità anche di fronte alle situazioni più pericolose; come una volta in cui è stato aggredito da alcuni malfattori di cui si è liberato con una trattativa interminabile, mollando solo pochi spiccioli, senza farsi portare via orologio e portafoglio. "Quando mi sono trovato circondato dai delinquenti, mi è venuto in mente Walter e non ho avuto più paura di niente." Proprio lui, che non sapeva rispondere e si faceva prendere dal panico quando un cliente lo accusava di essere troppo caro o di non aver fatto bene il suo lavoro.

C'era un'Immagine che sapeva fare il meglio per Alberto, qualcosa che sgorgava direttamente dal Sé, dall'essenza. Qualcosa che era venuto alla luce attraverso i suoi disagi, senza i quali non sarebbe mai arrivato Walter con il suo mondo avventuroso e imprevedibile. A mano a mano che Walter prendeva posto nell'immaginario di Alberto, anche il suo lavoro è diventato più fluido e, come sempre accade in questi casi, gli si sono presentate offerte accattivanti, più consone al "suo modo" di fare il commercialista. Non ha cambiato lavoro, non ce n'era bisogno, anche se il suo psicoterapeuta continuava a ripetergli che doveva fare una scelta e staccarsi dall'ufficio ereditato dal padre.

L'anima non ha bisogno che scegliamo noi, anzi lo detesta! Come detesta che pensiamo e ripensiamo alle soluzioni per star bene. Ci pensa lei! Chi conosce le leggi dell'anima sa quanto essa sia dotata di senso pratico. Mentre i nostri pensieri si avvolgono su se stessi e non risolvono mai i problemi, l'anima sa fare quello che è necessario per noi.

Gli ho risposto: "Fidati di te"; ma avrei potuto forse dire meglio "Fidati di Walter" perché so che, nonostante le resistenze del nostro Io, le Immagini che vengono dal profondo non ci tradiscono mai. C'è un'Immagine in ognuno di noi che sa: a lei è dedicato questo libro. Un'Immagine Originaria, primordiale che caratterizza ciascuno di noi, che non impara da niente e nessuno e sa guidare il nostro destino.

A volte occorre cercare questa Immagine nascosta chiudendo gli occhi e immaginando un volto sconosciuto che ci guida; altre volte compare in un sogno a darci la soluzione migliore, come è successo a Giulia, una donna anoressica che è rimasta incinta e che voleva abortire. La notte prima di andare in ospedale per l'aborto, un'Immagine onirica l'ha spinta a rinunciare e a tenere la bambina. Altre volte, perché l'Immagine si attivi arrivano disturbi, disagi, ansie, depressione, indecisioni, attacchi di panico. Spesso questi sono segnali dolorosi di un parto che sta avvenendo, del "bambino nuovo" che sta nascendo dentro di noi. La nostra resistenza a far emergere i disturbi spesso comporta il rifugiarsi della nostra Immagine interna sempre più in profondità, col risultato di vedere acuire i problemi e di cronicizzarli.

Sono contrario agli psicofarmaci perché sprofondano il cervello in una nube chimica, ma ci allontanano dalla nostra Immagine e quindi da ciò che davvero siamo. Mai come quando stiamo male dobbiamo fidarci di noi stessi e non dare retta a nessuno. Bisogna socchiudere gli occhi e "immaginare". Più ci allontaniamo dalla "realtà", dalla persona-maschera che ci siamo messi in testa di essere, più siamo vuoti e non abbiamo in mente la nostra storia, più accogliamo ciò che ci capita così com'è, più le soluzioni vengono dall'anima e sono sempre e soltanto "pratiche", cioè fanno ciò che va fatto per noi. Le Immagini interne sono le risorse terapeutiche dell'anima, cioè di quella forza che ha portato ciascuno di noi dalla cellula fecondata che era all'essere adulto di adesso. C'è sempre un'Immagine nascosta, che sa cosa fare "di" noi e "per" noi! Richiamarla è più facile di quello che si pensa: basta socchiudere gli occhi e ricordarsela di tanto in tanto.

Alberto ha fatto spazio a questa Immagine e l'ansia ora è solo un ricordo. Non prende più gli psicofarmaci. Si è fidato di se stesso.

1
Chi sei, e chi credi di essere

Se chiediamo a ciascuno di noi qual è la cosa che più desidera, otteniamo quasi sempre risposte scontate. Si vogliono realizzare risultati concreti, una carriera soddisfacente oppure più soldi, la casa dei sogni, un matrimonio d'amore, la salute. Ma forse oggi, dopo tanti anni di speculazione psicologica, è ancor più di moda il desiderio di "essere se stessi".

In qualche modo sappiamo che siamo unici nel mondo e che a ciascuno di noi spetta il compito di realizzare la propria natura. Ma spesso confondiamo ciò che siamo con ciò che crediamo di essere. Eppure sentiamo che in noi abita un'atmosfera speciale, un modo unico di essere nel mondo. Quasi sempre questa unicità è coperta e sovrastata dalle maschere che indossiamo, dai ruoli che recitiamo, dagli ingannevoli luoghi comuni che facciamo nostri. Finiamo per credere di essere quello che non siamo, qualcosa che con noi non c'entra proprio niente. Ce lo spiega molto chiaramente Krishnamurti.

> Ciascuno di noi ha un'immagine di quello che crediamo di essere o di quello che dovremmo essere, e quella immagine, quel ritratto, ci impedisce nel modo più assoluto di vedere come realmente siamo.[1]

---

[1] Jiddu Krishnamurti, *Libertà dal conosciuto*, Ubaldini, Roma 1973, p. 18.

Ma accanto alla falsa immagine di sé di cui parla Krishnamurti, nel profondo, nell'invisibile, qualcosa "sa" fare il mio essere, il mio corpo, la mia unicità. Mentre passo la vita a inseguire un falso Io, in me c'è un'Immagine profonda, che vede il mio destino, che fa il mio destino. Qualcosa che "sa" scegliere gli interessi, le passioni, gli incontri, le relazioni adatte solo a me, come le radici della pianta, nel profondo della terra, selezionano le sostanze che l'albero deve assorbire. Solo quelle che vanno bene per lui. Se lo sa fare una pianta, figurarci un uomo o una donna...

Se facessimo un sondaggio, quasi nessuno rinuncerebbe a "essere se stesso". Possono farci gola i soldi facili, gli amori giusti, il successo, ma vogliamo essere noi, proprio noi i protagonisti di tutto quello che ci può arrivare di concreto dalla vita. Si sente spesso dire: "So cosa voglio, so cosa mi serve, so cosa è bene per me" e, anche quando andiamo in psicoterapia per parlare dei disagi, noi crediamo di sapere bene che cosa ci fa star male o chi ci ha causato o ci causa danni esistenziali.

Come psicoterapeuta e come psichiatra ho la sensazione che sappiamo troppe cose di noi stessi, che abbiamo troppe certezze sul da farsi e che ignoriamo completamente il lato invisibile della nostra anima. Ne ignoriamo le leggi, e per la verità queste stesse leggi sfuggono persino a chi le dovrebbe conoscere meglio, cioè a quelli che dovrebbero essere gli specialisti dell'anima, come gli psicologi, gli psichiatri, e gli altri operatori della *psiche*.

Cosa vuol dire "essere me stesso", se sono un processo in continuo mutamento, se la persona che va a dormire la sera non ha quasi nulla a che vedere con quella che si sveglia al mattino? Ci risponde ancora Krishnamurti.

> Vuol dire morire a tutto ciò che appartiene a ieri, dimodoché la vostra mente sia sempre fresca, sempre giovane, innocente, piena di vigore ed entusiasmo.[2]

---

[2] J. Krishnamurti, *op. cit.*, pp. 14-15.

In realtà quasi tutti i nostri progetti di autorealizzazione non vengono da quella Immagine profonda, ma da quello che crediamo di essere, che è il nostro vero e unico nemico.

Insomma, nella vita di ciascuno di noi la "falsa immagine" prende il sopravvento. Quando sogniamo siamo noi stessi? E se è così, perché non comprendiamo, se non a sprazzi, la ragione dei sogni e che cosa vogliono dirci? E perché il sogno usa un altro linguaggio, lontanissimo dai modi di parlare che ho con me stesso e con gli altri? Sono me stesso quando sono lucido, cosciente o anche quando dormo, assorto nel mio buio più profondo, nella notte cosmica, che abita tutti gli esseri del mondo?

Sono abitato da mondi invisibili che non sembrano affatto perseguire le vie della conoscenza che utilizzo per fare di conto, per dare appuntamento alle persone, per leggere un libro, per dare un'educazione ai figli, per scegliere chi votare. Era ed è invisibile il processo che da una cellula fecondata mi ha portato sino a qui, mentre scrivo questo libro. Ho scelto io le mie passioni, i miei talenti, le mie capacità, i miei amori, gli incontri che hanno cambiato la mia vita, che hanno dato una svolta al mio percorso? Ho scelto io la mia vita e le sue trame? Le mie decisioni sono state proprio mie, ammesso che ciascuno di noi abbia veramente preso una qualche decisione degna di tal nome?

Lo sconosciuto che ci abita

Se non sono io a fare l'essere che sono, ad avere scelto questo corpo e l'insieme delle sue funzioni, ad avere creato e a creare, oggi come allora, il mio cervello, allora diviene fondamentale conoscere le leggi che il mio Io non vede e che pure sono la base del mio essere nel mondo.

È invisibile la trama del mio corpo, è invisibile il suo formarsi e il suo tramonto... Le leggi scientifiche, al di là della loro *hybris*, della loro superbia, hanno detto ben poco di come funziona il nostro corpo, e non hanno detto assolutamente nulla dell'invisibile che ci abita, delle sue funzioni profonde, dell'eventuale contatto (ammesso che sia possibile) tra il mio Io e quel processo nascosto che sembra agire del tutto a mia insaputa.

Certo posso decidere l'ora in cui andare a dormire, ma se poi il sonno verrà o meno non dipende da me, come ben sa chi soffre di insonnia. Cosa desidera l'invisibile che mi abita e mi crea, che cosa gli piace, chi vuole amare, quale lavoro gradisce: questo non appartiene a me, non sono io il protagonista. La mia essenza vive agli antipodi dell'idea che mi sono fatto di me.

L'invisibile che mi abita che cosa ha a che vedere con ciò che credo di essere, con ciò che voglio essere? L'invisibile comunica, parla alla mia identità, al viso che riconosco allo specchio, a ciò che mi dico, a ciò che penso di me? Le mie decisioni lo riguardano? Oppure viviamo in una costante illusione, come se uno specchio deformante ci facesse vivere una vita che non ci appartiene, modellata su una delle tante maschere che indossiamo con noi stessi e con gli altri? Il "voglio essere me stesso", se non viene dalle radici, è solo un'illusione.

Il mio lavoro mi ha insegnato che tutto ciò che crediamo di essere è solo una maschera che quasi mai corrisponde all'essere invisibile che ci fa sognare, che trasforma incessantemente il nostro corpo, e che pure è la base della nostra unicità.

Paradossalmente, catturati come siamo dalle mille identità che indossiamo, l'invisibile è lontano da noi miliardi di chilometri. Ci è sconosciuto più di qualsiasi altro essere del cosmo: il paradosso è che ciò che ci crea è distantissimo dal nostro sistema di riconoscimento. Non a caso Nietzsche ricorda che per noi uomini vale in eterno la frase: "Ognuno è a se stesso il più lontano".[3] Dunque dire: "Voglio essere me stesso" è veramente una sciocchezza.

Come possiamo condurre la nostra vita, essere noi stessi, se l'invisibile che ci abita e che ci crea non ha alcun rapporto con nessuna delle maschere che indossiamo? Se è così, tut-

---

[3] Friedrich Nietzsche, *Come si diventa ciò che si è. Ecce Homo e altri scritti autobiografici*, a cura di Claudio Pozzoli, Feltrinelli, Milano 2008, p. 26.

te le volte che "dico" me stesso, che mi definisco, che credo di sapere come sono, in realtà sto precipitando in un'illusione ancora più grande.

Conoscere i codici di questo invisibile può cambiare la partita.

L'anima non pensa, immagina

Ma qui si deve fare una premessa decisiva: come il seme sta nascosto nella terra, come le radici vivono occultate alla pianta, la mia essenza vuole restare nascosta, rifiuta di entrare nel regno del visibile, dell'apparenza. Esattamente il contrario di quello che accade oggi, dove cerchiamo di capire tutto, di spiegare tutto, di portare alla coscienza le "cause" di ciò che siamo o almeno crediamo di essere.

L'essere sconosciuto da cui prende sostentamento il mio Io ragiona in modo nascosto, sotterraneo, non vuole essere messo sotto i riflettori dei miei giudizi, della mia visione del mondo, delle mie opinioni, delle mie aspirazioni. Vuole restare sconosciuto: solo da questo stato può operare al meglio, può creare il mio essere, il mio divenire, il mio destino.

Bisogna imparare a non dirsi niente, a non avere parole da pronunciare verso se stessi, a non commentare le proprie azioni, ma a guardarle e basta. Nei gruppi del giovedì, gli incontri di psicoterapia che conduco settimanalmente, insegno una tecnica semplice: socchiudere gli occhi e immaginare le cose che disturbano o che credo disturbino la propria vita. Bisogna visualizzare le scene sgradevoli della propria esistenza e lasciarle depositare nel buio che c'è dentro i propri occhi. Poi invito il gruppo a scrivere, come su una lavagna interiore, questa frase: "Non devo dirmi nulla". Guardare le cose dentro di sé, senza commentarle, senza dirsi nulla, significa stare con se stessi e con le immagini che si visualizzano, senza esprimere alcun parere.

È un modo di dire allo Sconosciuto: "Queste sono le immagini che sono venute a trovarmi... Fa' tu, provvedi tu, non dipende da me, rimettimi le cose a posto, se credi e se vanno rimesse a posto...". Per Sconosciuto intendo un'Immagine interiore, originaria che vive nelle cose dell'essenza, cioè dell'essere che sono davvero. Credo che i nostri disturbi peggiorino in modo significativo, ogni volta che cerchiamo di cancellarli, considerandoli un segno di imperfezione del nostro essere. Lo Sconosciuto ama le Immagini? Questa è una buona domanda, perché se il suo linguaggio vivesse di Immagini e non di pensieri e di parole, l'unico modo per stare bene sarebbe quello di usare l'immaginazione invece di ragionare su di sé come fa la stragrande maggioranza delle persone.

L'essere invisibile che mi crea può agire contro di me? Può il seme essere contro la pianta che genera? Può lo Sconosciuto detestarmi e mandarmi dei disagi? Oppure i disturbi che vengono a visitarci sono modi della nostra essenza sconosciuta di spazzare via le false identità, le maschere che hanno preso il sopravvento, ciò che crediamo e che ci siamo messi in testa di essere, che ci impediscono di fare la nostra vera strada?

Lo Sconosciuto che ci abita detesta i pensieri: perciò pensare e ripensare a come mandare via i disagi dall'anima è proprio il modo migliore per rinforzarli e magari cronicizzarli. Peggio ancora gli psicofarmaci! Perché se la mia essenza, attraverso un attacco di panico, mi sta curando, allontanandomi da strade che mi distolgono dall'essere particolare che sono, finisco nel vedere magari ridursi i sintomi, ma avrò perduto la sola cosa per cui sono al mondo: la mia unicità.

Insomma c'è uno Sconosciuto che fa di me l'essere che sono, che ama restare nascosto, che non vuole essere visto, che non desidera che si ragioni su di lui, che detesta essere catapultato all'esterno, e che pure "sa" cosa fare di me, dove portarmi, quale sentiero farmi percorrere.

"Certe anime hanno imparato tutto da guide invisibili"[4] sosteneva Abu'l-Barakat al-Baghdadi.

Se si dimentica tutto questo, allora sì, siamo veramente perduti e condannati.

---

[4] Cit. in Henry Corbin, *L'immaginazione creatrice*, Laterza, Bari 2005, p. 31.

C'è bisogno di formare dentro la nostra interiorità un senso di incertezza, un non sapere, un non pensiero, perché lo Sconosciuto possa veramente portarmi dove devo andare. È un paradosso la nostra vita: siamo unici, ma il fondamento della nostra unicità non ci appare direttamente, non appare ai nostri occhi, e men che meno è alla portata dei nostri ragionamenti e dei nostri pensieri.

"Oscura e misteriosa è la vita umana" scrive Filip David "e nulla in essa è facilmente comprensibile."[5] Allo stesso modo in cui le radici della pianta sono invisibili alle foglie: eppure tutto il "sapere" di ogni albero è nelle radici. Così siamo "noi stessi" solo se siamo lontani dalla superficie dell'anima, e quindi prima di tutto dai pensieri.

Così c'è in ognuno di noi un "amico invisibile", la nostra "radice", che sa molte più cose di noi, ha un senso pratico del tutto unico, visto che sa fare la cosa più concreta che esiste: il mio corpo, il mio volto, che è l'impronta dell'essere che sono davvero e che gli altri vedono e riconoscono. Essere unici non dipende da noi... ma da un essere Sconosciuto che conduce incessantemente la mia esistenza.

Se queste premesse sono vere, il sistema di approccio allo Sconosciuto è la base della conoscenza del mio essere ed è la base della mia autorealizzazione, che non sarà quella delle identità che assumo, ma proprio quella del seme che sono: e una sola goccia di seme sa fare un bambino, sa creare il volto irripetibile di ogni essere umano. L'intelligenza del seme ragiona per Immagini... Se non sviluppo l'essenza del mio seme, allora sono solo somiglianza, cioè un'illusione, un aborto della vita. Come se una rosa per tutta la vita recitasse il ruolo del garofano: avrebbe tradito tutta la sua esistenza e forse anche quella delle rose del suo campo.

Qualche giorno fa un giornalista mi domandava perché sono contrario al lifting. "Che male c'è" mi ha chiesto "se una donna si rifà le labbra, si gonfia gli zigomi col silicone, si spiana le rughe col botulino?" A ben guardare, le donne

[5] Filip David, *Il principe del fuoco*, Zandonai, Rovereto 2009, p. 49.

e gli uomini "rifatti" finiscono per avere lo stesso aspetto, si assomigliano tutti, come i "personaggi" della TV. Ma se la semenza di ognuno di noi contenesse un'Immagine primordiale, che si incarna soprattutto nel viso, modificare quell'immagine per farla assomigliare a un modello giovanilistico comune significherebbe allontanarsi più che mai dalla nostra essenza. Per questo le persone superficiali hanno paura di invecchiare: non conoscono l'immagine che le abita, perciò non sanno più chi sono, cosa vogliono davvero, non sanno neppure più in che stagione della loro vita si trovano.

Le leggi dell'anima sono prima di tutto leggi naturali, cioè del tempo in cui si vive, della stagione che ci appartiene. Chi è nell'autunno dell'anima ha saperi, poteri, intelligenze, che ci sono solo in quella stagione, come l'uva a settembre. Modificarsi per restare giovani è vivere fuori dal proprio tempo e cioè dal tempo dell'invisibile Sconosciuto. Cercare di assomigliare a un modello è forse il crimine più grande che possiamo compiere verso noi stessi.

Ciò che sono nell'essenza è tutta la partita: l'intelligenza del seme ha dentro di sé l'immagine del mio corpo, del mio volto, del mio sentiero. La felicità viene solo dall'affidarsi alla propria semenza, e quindi per essere se stessi è fondamentale il lavoro di distruzione di ogni identità dentro di noi: tutto ciò che credo di essere è illusione, tutto ciò che mi sforzo di essere non farà che rendermi più artificiale.

La frase magica è: "Io non sono niente di quello che credo di essere". Allora la partita può iniziare. "Io non sono quello che è stato lasciato da una donna che amavo, non sono quello che fa quel tipo di lavoro, io non ho niente a che vedere con la mia storia." Non si tratta di un lavoro difficile o impossibile, perché la mia semenza continua incessantemente a operare. Vale a dire che dentro di me c'è qualcosa che sa fare ciò che è utile per me, l'unico a non accorgersene sono io, perché mi sono identificato in modelli che mi distolgono, mi allontanano da quello Sconosciuto che regge la mia unicità.

La nostra unicità ama nascondersi

Che cosa adora l'intelligenza del seme? Che impariamo a farci da parte, che non abbiamo niente da dirci, che ci liberiamo da ogni progetto, perché lei da sola è capace di trovare la via più semplice, più pratica, più diretta. Siamo agli antipodi del pensiero, siamo agli antipodi dell'esterno. Siamo nel "dentro" dell'essere.

Le vere soluzioni ai problemi della vita possono arrivare solo dal buio, dall'assenza di pensieri, dal vuoto, dall'assenza di commenti. Le radici fanno la pianta senza chiedere il parere di nessuno: l'intelligenza del seme compie la tua unicità senza il tuo intervento. Il punto chiave è di non interferire con ciò che sentiamo, con quello che succede dentro di noi. Qualsiasi sentimento venga a trovarmi, anche il più orribile, io devo solo riconoscerlo e non dirmi niente. L'invisibile deve restare al suo posto.

Eraclito ha scritto: "La natura ama nascondersi", e James Hillman ci fa notare a questo proposito: "La ghianda della natura umana fa lo stesso. Si nasconde dappertutto in mezzo al visibile...".[6] Le cose preziose che possediamo, le nostre virtù se ne stanno nascoste come il seme e le radici. Continuare a parlare dei nostri problemi, cercarne le cause, fissarci sulla nostra storia ci rende mediocri, banali come tutti gli altri. Continuare a chiederci se andiamo bene o no, come mai non siamo riusciti a laurearci o perché non ci innamoriamo, ci allontana sempre di più dalle radici.

A Francesca, che soffriva di insonnia cronica che durava da anni, ho consigliato di trattare il suo disturbo non come un nemico, ma come una voce, un regalo, un messaggio dell'anima. Custodire l'insonnia che viene dall'invisibile, come custodire tutti i disturbi che vengono a trovarci, è il centro del mio modo di fare psicoterapia.

Perdendo l'invisibile il mondo diventa meccanico... Abbiamo bisogno dell'invisibile come del pane che mangiamo. Non l'invisibile dei medium, né quello delle religioni.

---

[6] James Hillman, *Il codice dell'anima*, Adelphi, Milano 2007, p. 239.

Nell'invisibile riposa la nostra unicità, la nostra individualità. Non in ciò che credo di essere.

Il vuoto è la via: quanto vuoto mi ha preso oggi, quanto sono riuscito a vivere nell'assenza di pensieri, di progetti, di aspettative?

Tutto ciò che ho in mente NON È. Quello che credo di essere è un errore di percezione: la mia verità risiede solo nell'invisibile che mi abita. È questo invisibile Sconosciuto, e lui soltanto, che sa far fronte ai disagi della vita.

Da Francesca l'insonnia se ne è andata completamente, quando ha imparato a darle un nome. "La chiamo Elena, come la donna mitica di Troia. Quando Elena-Insonnia viene a trovarmi, mi alzo dal letto, mi metto la biancheria intima più bella, mi vesto come una principessa, come se aspettassi la mia dea sconosciuta." Consiglio spesso, a chi soffre di questo disturbo, di aspettare l'insonnia come se fosse "la sua donna". Francesca si mette il vestito più bello e le prepara la tavola imbandita, cucina i cibi che Elena preferisce, socchiude gli occhi. E dopo questo rito le viene sonno e va a dormire.

Abbiamo bisogno di parlare con le Immagini, di sognare a occhi aperti, di parlare con i nostri disturbi, di farli diventare immagini con cui colloquiare. Così è guarita Francesca: Elena la viene a trovare e, come in una fiaba, in una leggenda, in un mito, l'insonnia diventa una dea, un elemento provvidenziale dell'anima. Così due dame si siedono l'una vicino all'altra, la Francesca moderna e la Elena della leggenda: si fanno compagnia, e immaginario e reale divengono alleati. Per Francesca l'insonnia era un nemico, ora grazie a Elena un'alleata preziosa. "Sapesse, dottore, quante cose faccio di notte, aspettando Elena. Quanti libri ho letto, quanti interessi ho scoperto di avere!"

Insomma i nostri disturbi sono Immagini che abbiamo perduto, aspetti del nostro carattere che la nostra razionalità non vuole vedere. Parlare con il proprio lato invisibile, dargli una mano, immaginare dentro di noi una donna che sa dove condurci è il percorso prediletto dello Sconosciuto che ci abita.

Nel mio libro *Il sesso è amore* ho parlato dell'Immagine Guida,[7] per dire che esiste un'immagine centrale, proprio come quella del mio volto, che vive nella profondità del mio essere e che conduce la mia esistenza. Ha un progetto per me: sviluppare l'essere che sono. A volte quando ci allontaniamo da lei, quando diventiamo come tutti gli altri, oppure quando siamo catturati dalle sirene del modo comune di ragionare, l'Immagine Guida si ritira nel buio più profondo della nostra anima e viene alla luce con un disturbo, come l'insonnia di Francesca.

Non c'è da dare spiegazioni: c'è solo da attenderla, quando arriva sotto forma di un disagio, e darle il volto di una dea. La cura consiste unicamente nell'affidarsi alle Immagini. Bisogna capire una volta per tutte che non siamo noi a pilotare l'Invisibile, ma è l'Invisibile a condurre la nostra esistenza. Le sue leggi sono le leggi delle Immagini, non certo quelle della ragione, che svolge altre funzioni. È l'Immagine del mio volto che mi conduce verso la mia meta. Il resto è solo illusione.

Recepire il mondo invisibile delle Immagini, il loro linguaggio, senza disturbarle è il lavoro della saggezza. Un grande terapeuta ha imparato a guardare i suoi pazienti come Immagini e non come il resoconto di una storia, piena di lamenti, di eventi sfortunati, di vite che non hanno funzionato.

L'Immagine è sempre presente, da zero a ottant'anni. Ascoltare il suo linguaggio invisibile in modo sempre più raffinato è il lavoro di una vita. Un grande psichiatra sa farlo come nessun altro.

---

[7] Raffaele Morelli, *Il sesso è amore. Vivere l'eros senza sensi di colpa*, Mondadori, Milano 2008, *passim*.

2
L'Immagine Originaria*

Platone cita l'antico mito di Er, che racconta come le anime, prima di venire al mondo, scelgano un'immagine in cui è impresso il destino che avranno. Prima di fare il loro ingresso nella vita umana, però, le anime devono attraversare la pianura del Lete (il fiume le cui acque danno l'oblio) sicché al loro arrivo sulla Terra, hanno dimenticato quell'immagine. Ritrovarla e svilupparla sarà il compito che spetta all'uomo, il lavoro più importante della sua vita. Richiamando questo mito, Platone propone una visione dell'esistenza in cui l'immagine impressa nell'anima è depositaria non solo delle nostre origini, ma anche del nostro progetto di vita, del nostro destino, e assume così un ruolo centrale indispensabile a realizzare la nostra essenza. A questo proposito Jung ammonisce:

> Noi contiamo qualcosa solo in virtù dell'essenza che incarniamo, e se non la realizziamo, la vita è sprecata.[1]

C'è "qualcosa" che abita dentro di noi, ispirando e orientando come una bussola la nostra esistenza. Questa Immagine va assolutamente rintracciata, perché lontani da lei non potremmo "esser noi stessi", faticheremmo a vivere, a trovare equilibrio, armonia, salute, benessere.

---

* Questo capitolo è stato scritto in collaborazione con Vittorio Caprioglio, medico psicoterapeuta, direttore dell'Istituto Riza di Medicina psicosomatica.
[1] Cit. in J. Hillman, *op. cit.*, p. 10.

In molte altre tradizioni del passato, come spiega l'antropologo E.B. Taylor, "l'anima era concepita come un'immagine, una presenza, un vapore, un velo, un'ombra".[2]

Per gli egizi ad esempio questa immagine interiore era il *ka*, ovvero una proiezione vivente della figura umana, che riproduce i dettagli dell'individuo a cui appartiene.

I neoplatonici parlavano di un "corpo immaginale", che ci trasporta come un veicolo ed è il nostro personale supporto o sostegno.

Anche Hillman osserva:

> Presso gli eschimesi e altri popoli dove è praticato lo sciamanesimo, l'immagine interiore è il nostro spirito, la nostra anima libera, la nostra anima animale, la nostra anima respiro.[3]

L'etnologo Åke Hultkrantz, studioso dei popoli amerindi, afferma che secondo queste popolazioni "l'anima trae origine da un'immagine ed è concepita sotto forma di un'immagine".[4]

E ancora, in molte altre culture, il concetto di immagine, inteso come presenza misteriosa, enigmatica, a cui si rifà tutta la nostra vita si ritrova dietro a termini come genio, destino, carattere, fato...

La funzione dell'immagine

Ma perché mai il centro rappresentativo dell'individuo dovrebbe essere un'immagine?

È proprio James Hillman a offrirci lo spunto per trovare una risposta.

> Perché in un'immagine è tutto presente in una volta... come quando guardiamo un quadro alla parete. Non c'è un pezzo che ne causa un altro o che lo precede nel tempo. Non ha importanza se il pittore ha inserito le macchie rosse per ultime o per prime.[5]

---

[2] Edward B. Taylor, *Primitive Culture*, vol. 1, London 1871, p. 387.
[3] J. Hillman, *op. cit.*, p. 24.
[4] Åke Hultkrantz, *Conception of the Soul Among North American Indians*, Statens Etnografiska Museum, Stockholm 1953, p. 287.
[5] J. Hillman, *op. cit.*, p. 22.

Quindi, come il seme contiene il destino della pianta prima ancora di radicarsi nella terra, ognuno di noi possiede un'Immagine Originaria, innata, che contiene tutto ciò che siamo, la struttura della nostra personalità e la nostra unicità prima ancora di radicarci nella vita.

Insomma le risposte alle fatidiche domande: "Chi siamo?", "Da dove veniamo?" e "Come possiamo realizzare noi stessi?" ruotano attorno al recupero di questa Immagine Originaria, a cui bisogna aderire totalmente.

Ma non basta. Accettare l'esistenza di un'Immagine Originaria significa anche riconoscere l'esistenza del nostro mondo interiore, e potere superare i limiti del pensiero comune. La vita non è qualcosa di esterno, una "storia", una cronologia di fatti che si susseguono, una catena di cause ed effetti. Questo modo di pensare ci porta spesso a credere di sapere come andrà a finire... ancora prima di iniziare!

Anche i test e le statistiche, così diffusi, vorrebbero inserire in modelli standard ciò che per sua natura è fuori da ogni schema. Ma in realtà non rivelano abbastanza: la psicologia, nata per conoscere l'anima, finisce spesso per limitarsi a misurarla, a rilevarne solo "peso e altezza".

Invece rivolgendoci all'Immagine Originaria ci liberiamo del modo di pensare per cui noi siamo solo il riflesso del nostro passato, respingiamo un "modello cronologico" che pretende di interpretare tutto – la vita, la malattia e la salute – sulla base di un rigido schema.

Adottare il paradigma dell'Immagine Originaria consente di dare un senso diverso alla vita, utilizzare una visione d'insieme, scoprire la nostra unicità e cogliere il significato dei nostri disagi, tutti aspetti che sfuggono all'interpretazione cronologica della comune psicoterapia, che cerca le "cause" nel passato.

Se mettiamo al centro la ricerca dell'Immagine Originaria la nostra biografia apparirà in una luce del tutto diversa...

Come uno scatto fotografico

Per comprendere la funzione dell'Immagine innata, pensate all'immagine che si fissa sulla pellicola quando si scatta una fotografia: un'impronta luminosa su carta sensibile che poi viene sviluppata e stampata. E affinché questo processo si realizzi, sulla pellicola non devono sovrapporsi altre immagini: solo in questo modo quella originaria si svilupperà correttamente. Ma se si fanno altri scatti sulla pellicola già impressionata oppure se la pellicola prende inavvertitamente luce o i tempi di sviluppo non vengono rispettati l'immagine si rovina. Perché l'istantanea sia nitida vanno rispettate delle regole: lo stesso vale per l'Immagine Originaria dentro ognuno di noi. Essa contiene il nostro modo di essere, le nostre caratteristiche fisiche, la nostra predisposizione alle malattie, cosa ci appassiona e cosa detestiamo, come amiamo, il nostro talento, i nostri gusti, il modo di reagire alle difficoltà, il carattere, che strada siamo portati a percorrere nella vita, e mille altre caratteristiche ancora. Perché noi ci si possa realizzare pienamente è opportuno che, come per una fotografia nella camera oscura, nulla intervenga a disturbare lo sviluppo di quell'Immagine.

Ma gli ostacoli lungo il tragitto sono numerosi, oggi più che mai quell'Immagine non è libera di affiorare e svilupparsi: nella vita ci attendono sciami di immagini pronte a sovrapporsi, rappresentazioni alternative che disturbano e confondono. Immagini di bellezza stereotipata, di esasperato giovanilismo per chi invecchia, di successo sociale o economico spacciato come via privilegiata di realizzazione esistenziale e di beni materiali presentati come la miglior garanzia per il benessere e la serenità... Queste rappresentazioni aleggiano pericolosamente attorno a noi, pronte a sovrapporsi e disturbare l'affermarsi dell'Immagine Originaria, rinforzate dal conformismo, sostenute dai mezzi di comunicazione oggi assai invadenti, favorite da una vulnerabilità collettiva riconducibile a una vita uniforme e superficiale.

Oggi le radici dell'uomo non pescano tanto in profondità... È comprensibile dunque che, dati questi presupposti, il rapporto che abbiamo con la nostra Immagine innata sia ancor più determinante per uno sviluppo adeguato di ciò che siamo.

Ma servono teorie psicologiche diverse e capaci di riconoscere e valorizzare il destino unico e originale contenuto nell'Immagine di ognuno di noi.

Le radici della vita

Amedeo (35 anni) è un giovane uomo in crisi: si è da poco separato dalla compagna con cui conviveva e dalla quale ha avuto una figlia, Aurora, di due anni, e sopporta molto male il nuovo stato di cose che si è venuto a creare.

Si sente roso dalla gelosia, in quanto pare che la sua ex, Giulia, che descrive come molto bella e affascinante, abbia un altro uomo che la corteggia. Per questo motivo la sera spesso si apposta sotto casa di lei per studiarne le mosse, si tormenta e la tormenta, le fa continue scenate, a volte addirittura rimane lì tutta la notte pur di non rinunciare a tenerla d'occhio.

Racconta di quanto soffra per questa situazione, di come non si piaccia e si senta un fallito per non essere riuscito a tenere insieme la famiglia, di come le sue attuali condizioni economiche siano precarie e di come per questo si disistimi e non si perdoni.

I miei ex compagni di università, i miei amici, hanno raggiunto per la maggior parte situazioni professionali ben più solide della mia. Loro sì che hanno avuto successo nella vita...
Io sono sempre stato incerto tra una professione che mi consentisse di mettere a frutto i miei studi di economia e di affermarmi nel campo del marketing o l'opportunità di sviluppare il mio sogno, al quale non ho mai rinunciato del tutto, ovvero di dar vita a un agriturismo in campagna, utilizzando un appezzamento di terra che ho ereditato da un mio vecchio zio. Ma non mi sono mai deciso a farci nulla, forse perché oggi la terra rende poco o nulla o, forse, perché

non sono capace... E poi non danno più sovvenzioni per queste iniziative. Mi ha condizionato a lungo questo mio attaccamento alla terra, ma ho perso solo del gran tempo, è stato la mia rovina... Avrei dovuto vendere tutto e dedicarmi a qualche business. Non è detto che non lo faccia, forse è la scelta giusta...
Invece magari è meglio che me ne vada via, lontano, addirittura all'estero, e così tolgo anche il disturbo. La verità è che sono un mezzo fallito: non sono riuscito a tenere la mia famiglia unita e invece, anche a costo di farmi violenza, non avrei mai dovuto andarmene da quella casa.
Non ho combinato niente neanche nel lavoro, non sono stato capace di realizzare nulla di buono... Alla fine creerò dei problemi anche a mia figlia... Forse la cosa migliore da fare è proprio sparire.

In uno di questi momenti bui Amedeo si chiude in casa e non esce per alcuni giorni: non si lava, non si alza dal letto, si "ubriaca" di tv-spazzatura, così la definisce lui. Poi però, il mattino successivo va in campagna, dove ha la terra, lavora alacremente tutto il giorno e telefona alla sua ex compagna per comunicarle che le vorrà sempre bene e che vuole piantare un albero che rappresenta loro due e la loro storia. Mentre lavora in campagna, quel giorno, si sente "leggero, rigenerato, un altro...".

Ma la storia con Giulia non ha un lieto fine: la donna pensa che la loro relazione sia finita e ribadisce che le loro vite devono continuare a restare separate. Amedeo scivola in una disperazione ancor peggiore e si riaffaccia in lui la fantasia di andarsene via, lontano, e di non farsi più sentire da nessuno. "Forse" dice "è meglio anche per Aurora. Cosa se ne fa di un padre così? Sicuramente sarei per lei solo motivo di vergogna e di problemi, solo una delusione..."

Quella notte però Amedeo fa un sogno particolare, nel quale gioca sereno con la piccola Aurora, in campagna – la giornata è bellissima – e assieme alla bambina smiela le arnie delle api. Le api sono una sua vecchia passione e durante il sogno racconta alla figlia la vita e la funzione di questi insetti. Mentre si occupa della sua terra e delle api insieme alla sua bambina, Amedeo si sente bene ed è felice.

L'immagine "sofferente" che emerge dal racconto della sua vita è contraddetta da quella "felice" che compare nel sogno e che presenta un Amedeo realizzato e sembra riferirsi a un'altra storia, a un'altra persona! Quando Amedeo si racconta, fa l'elenco delle sue sconfitte, i "dati esistenziali" che dovrebbero "spiegare" i suoi disagi: il fallimento del rapporto di coppia, la discutibile realizzazione professionale, l'incapacità di far rendere appieno la terra, la situazione economica precaria... Ma nel sogno le cose appaiono ben diverse: Amedeo è felice in presenza di alcuni elementi della sua vita che paiono inalienabili: la terra, le api e la piccola Aurora. Tre radici che lo tengono ancorato al terreno della vita.

Quest'immagine che nel sogno lo ricarica e lo rasserena è proprio la sua Immagine Originaria, che gli indica il destino che gli appartiene, il vero significato della sua vita. Il resto è secondario, e rischierebbe, se interpretato come fondamentale, di confonderlo e alimentare in lui uno stato di disistima e sofferenza.

3
Affidati alla tua immagine

Cosa ci caratterizza più di tutto, cosa ci rende unici? Il nostro volto. È lui che contiene l'impronta, l'immagine di ciò che siamo davvero, dell'essere profondo che ci abita.

Guardarsi allo specchio significa guardare l'imprendibile essenza che siamo. Il mio volto è la mia immagine e non c'è niente di così inafferrabile, di così unico, di così diverso da tutte le altre cose del mondo.

È attraverso questo volto, scrive il filosofo tedesco Johann Sulzer, che "l'anima sta diventando visibile".[1] È proprio il viso che rivela, più di ogni altro aspetto del corpo, la mia essenza. Lo afferma anche il filosofo russo Florenskij quando scrive che "l'anima si esprime nel viso, in ogni tratto della sua conformazione".[2] Passano i giorni, i mesi, gli anni, invecchiamo, eppure "qualcosa" continua incessantemente a formare il nostro essere speciale: è l'immagine di quel volto che vediamo allo specchio.

Non c'è niente di più indefinito di un'immagine: muterà come il mio viso miliardi di volte, eppure c'è una trama che la sorregge, che la individualizza. Non importa se si forma-

---

[1] Cit. in Johann Kaspar Lavater, *La fisiognomica, o l'arte di conoscere gli uomini dai tratti della loro fisionomia, i loro rapporti con i diversi animali, le loro inclinazioni, etc.*, Atanor, Roma 1988, p. 19.
[2] Pavel A. Florenskij, *Il simbolo e la forma. Scritti di filosofia della scienza*, Bollati Boringhieri, Torino 2007, p. 191.

no negli anni le borse sotto gli occhi, se le rughe incalzano: i lineamenti e lo stile del mio viso sono gli stessi. L'immagine di me è un parto continuo, giorno dopo giorno viene alla luce la nostra immagine, forse l'unica cosa per cui siamo al mondo, l'unica cosa che caratterizza il nostro lato umano.

La mia immagine in continua gestazione è l'essere più sconosciuto che esista, il più misterioso, il più lontano da tutto ciò che conosco, da tutto ciò che credo di essere. Eppure basta un'occhiata allo specchio per scoprire che c'è nel mio viso, nascosta, un'essenza che mi guida, che traghetta la mia esistenza verso territori che non conosco. Comprendere come parlare alla propria immagine, come sentire la sua voce, come afferrare il destino che ci vuole consegnare è il compito più alto che ci attende.

Cosa vuole da me quest'immagine?

Il dilemma è grande: l'immagine nascosta nel mio volto lavora per me e io non ne so nulla!

Cosa posso fare davvero per me stesso, se c'è qualcosa che lavora per me, che si rivolge a me, ma io non ascolto le sue parole?

Eppure, se qualcosa disegna a ogni istante il mio volto, saprà bene cosa mi serve, che cosa mi è utile, dove devo andare. Come si fa a non smarrire la strada?

Una cosa è certa: il nostro Io, coi suoi pensieri, le sue aspirazioni, le sue identificazioni, può solo disturbare il percorso dell'essenza e quindi dell'Immagine, che fa di me un mondo unico. L'Immagine è della stessa natura dei sogni e "ragiona" come i sogni. Ciò significa che non dobbiamo mai farci domande sulle cose che ci capitano, sulle emozioni che proviamo, su che cosa sentiamo, sugli amori che viviamo. Per forza, sono tutti sogni!

Niente domande, niente spiegazioni: guardare quello che ci capita con la stessa meraviglia con cui recepiamo le immagini oniriche. Questo vorrei dire a Franca, che ha mandato questa e-mail:

Mi trovo in un momento particolare della mia vita, ossia non so che fare, ho disturbi digestivi continui, un segnale di disagio. Chissà se digerisco male per una passione che sto vivendo in maniera contrastata, oppure per qualcos'altro, non so... Ho paura di vivere. È la mia essenza che mi dice che questa persona non fa per me oppure il contrario? Che è necessario vivere quella storia proprio con l'atteggiamento del "sia quel che sia"? Ho paura, davvero, di soffrire, di lasciarmi andare, che lui sia un gran egoista. Come faccio a sentire ciò che vuole la mia essenza? La mia anima cosa desidera? Aiuto.

Niente domande. E lei risponde

L'anima, e quindi l'Immagine, sa cosa fare, a patto di non disturbarla con le domande. Un ottimo esercizio è quello di guardarsi allo specchio, da soli, osservando il proprio volto senza commentare. Sino a perdersi, come quando guardiamo un panorama. È il modo migliore per chiamare in campo la nostra Immagine, che adora dirci le cose restando sconosciuta, nascosta. E poi? Immaginare, fantasticare, sognare a occhi aperti, incantarsi.

Se qualcuno mi chiedesse che cosa ci salva davvero la vita, che cosa allontana l'aridità, che è il nemico più terribile dell'anima, risponderei: dare spazio alle immagini, farsi condurre da loro, proprio come se sognassimo. Jung ha scritto:

> Per decenni mi sono sempre rivolto all'anima quando sentivo che il mio comportamento emotivo era turbato e inquieto... Dopo qualche resistenza regolarmente produceva un'immagine, e non appena questa compariva, il senso di inquietudine o di oppressione spariva.[3]

Le immagini sono l'unica cosa che il nostro Io non può controllare.

Filip David, il grande scrittore ebreo serbo, racconta del

---

[3] Carl Gustav Jung, *Ricordi, sogni, riflessioni*, Rizzoli, Milano 2004, p. 231.

suo rapporto con le immagini attraverso un aneddoto che risale alla guerra e alla deportazione nazista subita dal suo popolo. Filip aveva solo tre anni e per dargli forza, durante una marcia forzata tremenda dove in molti venivano falcidiati dalla fatica e morivano, la madre gli raccontava che, al termine del loro viaggio, avrebbero trovato un albero di ciliegie, il frutto più amato da Filip. L'immagine di un albero ha fatto il miracolo...

Quando siamo assillati da un problema, quando siamo incerti, quando non sappiamo se siamo sulla strada giusta, affidiamoci a un'Immagine. Ognuno ne ha una in cui si riconosce, che trova "sua" più di qualsiasi altra cosa al mondo. Proprio come il suo volto.

Marina, che ho seguito in psicoterapia, ogni volta che le arriva un disagio o un problema da risolvere, non ci pensa su. Cerca l'Immagine di un albero antico, una grossa quercia. "So che poi ci pensa lei." Lo stesso faceva la mamma di Filip e l'immagine dell'albero di ciliegie lo ha salvato. Quei frutti avevano un legame misterioso con l'Immagine antica ed eterna del suo viso; forse in ognuno di noi c'è un viso nascosto che ci guarda, ci protegge e si occupa di noi. Come scrive Hillman:

> Prima della nascita, l'anima di ciascuno di noi sceglie un'immagine o disegno che poi vivremo sulla terra...[4]

In te c'è un tesoro che ti cura

Quando ho conosciuto Federica (32 anni) mi è venuta alla mente l'immagine di una tortora che volava da un nido all'altro e che tubava. Non sono mai interessato alla storia dei pazienti che vengono da me, e ancora meno alle considerazioni che fanno su se stessi, o alle spiegazioni che danno dei loro disagi. Per me è importante solo l'immagine che la loro presenza attiva dentro di me.

A volte non percepisco nulla, e allora aspetto. Federica

[4] J. Hillman, *op. cit.*, p. 23.

mi parlava della sua frigidità, del fatto che ogni rapporto sessuale era per lei pervaso da "un senso di freddo, di gelo, di assenza glaciale, di mancanza di coinvolgimento". Non mi preoccupano i disagi e neppure da quanto tempo convivono con il mio paziente. Federica aveva preso psicofarmaci, era stata in psicoterapia per tre anni, aveva indagato le cause della sua frigidità con un terapeuta: non c'era stato nessun miglioramento. Negli anni ho imparato a non disturbare le cose dell'anima e così le ho detto: "Scusi Federica, ma se questa frigidità sessuale è così forte, così tenace, se viene dal profondo, se non è controllabile, perché non godersela?".

Federica è una donna molto razionale: col suo precedente analista aveva collegato la frigidità alla separazione dei suoi genitori, a un senso di abbandono che aveva sperimentato da piccola, che l'aveva portata secondo lei a odiare tutti gli uomini, perché venivano identificati col padre che se ne era andato, che l'aveva lasciata sola. Nonostante tutte le interpretazioni la frigidità era sempre lì, pronta a riemergere in ogni incontro erotico.

A Federica non andava affatto bene il mio consiglio di godersi l'assenza di coinvolgimento erotico e così si lamentava, ripetendomi che non ce la faceva più, che viveva ogni frequentazione maschile come un incubo. Federica vedeva la frigidità e gli attacchi di ansia come una cosa da superare, una scommessa da vincere. Ma in ogni colloquio, io venivo sorpreso dall'arrivo nel mio immaginario di una tortora che volava da un nido all'altro... e che tubava.

Federica invece si rinchiudeva sempre nello stesso giro di pensieri: non c'erano sogni a occhi aperti, non c'erano immagini che la andavano a trovare. Quando le facevo socchiudere gli occhi e la invitavo a immaginare una donna d'altri tempi, provava repulsione, rifiuto per l'attività immaginativa e finiva per parlare prima o poi degli uomini, della loro aridità, della loro mancanza di sentimenti, della "testa dura" maschile e della sua paura di essere abbandonata.

Ma, come ho detto prima, quando qualcuno parla di sé, io non lo ascolto...

È una convinzione stupida quella di credere che raccontarsi faccia bene all'anima: ho consigliato a Federica di "percepire bene" la frigidità, ma solo nel momento in cui la provava. Cioè di non pensarci su durante la giornata, ma invece essere presente, come un'osservatrice attenta, ogni volta che arrivava durante gli incontri erotici.

Dopo qualche resistenza Federica ha seguito il mio consiglio: la frigidità ha incominciato a farle meno paura. Si era data il compito dell'esploratrice: osservare cosa provava, cosa sentiva, in quale zona del suo corpo il gelo era più forte e così via.

La scoperta di Venere

L'anima adora che osserviamo i sintomi che ci manda: dobbiamo osservarli solo quando si presentano e non ragionarci su durante il giorno. Il pensiero li peggiora, l'osservazione invece li cura. Gli attacchi d'ansia che accompagnavano la giornata dopo ogni incontro erotico, e che erano il motivo del ricorso agli psicofarmaci, sparirono in pochi giorni. La frigidità invece sembrava diventare sempre più forte. Ma l'immagine della tortora passava puntualmente a visitarmi a ogni seduta e sapevo che il suo "tubare" era simbolo di passione e innamoramento.

Contemporaneamente si era spezzato il circolo vizioso dei suoi pensieri: Federica si lamentava sempre meno, durante le sedute stava volentieri a occhi chiusi e immaginava, fantasticava sempre di più. Parlava sempre meno di sé, della sua vita, del suo lavoro. L'ho invitata a leggere testi di mitologia e leggende scegliendo quelle che la appassionavano di più.

La sua dea preferita era Venere, la dea dell'amore, del piacere, della bellezza, la madre di Eros. La immaginava come una donna che possedeva gli uomini, che li dominava, che "li metteva sotto", che non si innamorava, che "trattava i maschi come oggetti". Queste immagini le apparivano con sempre maggiore insistenza durante i suoi incontri sessuali e Federica ne era contenta. Senza accorgersene era cambiato il suo approccio: non era più passiva tra le mani di un uomo, ma sempre più attiva. "Mi sono accorta che, se prendevo io l'iniziativa, se stavo sopra io nell'amplesso, mi arrivava un senso di fuoco nella pancia, un calore forte sul bacino."

Più Federica dominava a letto, più era aggressiva, più l'altro era nelle sue mani e più il suo erotismo si accendeva. La cosa interessante è che in questo stato emotivo Federica si sentiva eccitata e contemporaneamente "fredda, staccata, come se fossi un automa che si muove indipendentemente da me". Consigliai a Federica di continuare l'osservazione, senza esprimere alcun parere, senza fare commenti, e soprattutto senza dirsi se il suo modo di fare l'amore andava bene o no.

La sua Venere, l'immagine a cui lei si sentiva più legata, voleva amare a modo suo, non secondo i canoni stabiliti dai modelli esterni. Sapevo che l'immagine della dea avrebbe prodotto spontaneamente l'orgasmo: e così è stato. Federica non ci riusciva, per Venere era la cosa più facile del mondo.

I segni della tortora

Il nostro Io non può "curare" i disturbi che lo visitano, le Immagini sì!

Quando è venuta da me, Federica non sapeva cosa fossero le Immagini, non fantasticava, non sognava: era solo pensieri, ragionamenti e autocontrollo. Se perdiamo la nostra funzione immaginativa, ci ammaliamo. Ora non le basta più un uomo con cui stare, sta vivendo due o tre storie contemporaneamente. A lei va bene così: con tutti i suoi partner raggiunge il piacere e con tutti vive freddezza e desiderio contemporaneamente. "Mi affido a Venere: lei sa che cosa è utile che io faccia con gli uomini."

Gli antichi consideravano la tortora un'immagine sacra a Venere e quando la vedevano danzare nei cieli, ritenevano che la dea si stesse manifestando, dando un segno della sua presenza. E la tortora che va da un nido all'altro, tubando, rappresenta bene il modo di amare attuale di Federica, che "tuba", che vola da un amore all'altro. Chissà se un giorno si manifesterà in lei un altro segno della tortora, che è uno degli animali più erotici ma anche dei più fedeli, che vive e nidifica con lo stesso partner per diciotto anni, il tempo della sua vita. Chissà se un solo amore basterà a Federica?

Nelle immagini è scritto il nostro destino. Grazie a loro possiamo incontrare l'anima: basta accostarsi a lei senza pregiudizi. Cambia con gli anni, matura, ma ci riporta sempre a ciò che siamo. E ci guida verso territori sempre nuovi.

Vivere solo per l'immenso che ci abita

Viviamo nel tempo, con l'orologio in mano, con le ore che scandiscono la nostra giornata, con le mille cose da dire, da fare, con i problemi da risolvere. Se viviamo per questo, se siamo anche bravi in questo, se i nostri rapporti funzionano con gli altri, se otteniamo quello che ci siamo prefissi... per me è una pessima vita! Chi vive così, prima o poi arriva a uno stato di insoddisfazione cronica. Magari viene attribuita a qualcosa che non ha funzionato a dovere, a qualcosa che ci aspettavamo e che non è accaduta. Ma questa insoddisfazione non rivela che siamo stati incapaci di realizzare qualcosa, bensì che ci manca qualcosa! Qualcosa che non è visibile, che non vive nel tempo, che non è alla portata del nostro Io, del senso comune in cui siamo immersi. Una buona vita è quella che è focalizzata sul "dentro", sull'interno, sulle immagini interiori. Come scrive Marie-Louise von Franz, la grande psicoanalista allieva di Jung:

> Ciò che conta è il rapporto con... l'interiore. Essere separati da esso equivale a essere spiritualmente morti.[5]

Una buona vita è quella che si affida alla propria dea sconosciuta. Chi è centrato sull'esterno, chi pensa di dover aggiungere degli obiettivi, sbaglia tutto. Così fa la giovane Tania.

---

[5] Marie-Louise von Franz, *Alchimia*, Boringhieri, Torino 1984, p. 134.

Il mio problema è che da qualche mese provo spesso dei momenti di profonda ansia e tristezza perché so che dovrò attendere almeno un paio d'anni per poter convivere col mio ragazzo. Non ce la faccio più, non vedo l'ora di costruire una famiglia tutta mia! Lui dice che ci vuole tempo e che non è possibile volere "tutto e subito", ma non sa nemmeno cosa significa avere una famiglia "distrutta" come quella in cui vivo: in casa sono sola, con una madre menefreghista e cinica, una vera miseria.

Se ragioniamo così vediamo solo l'esterno e l'Immenso e l'Invisibile che ci abitano vengono coperti dalla nebbia dei nostri pensieri. Dopo un po' non sappiamo più chi siamo e neppure dove andiamo... Ma una buona vita è centrata sul lato invisibile, sull'immenso che ci abita, non sull'esterno. Scrive Jung:

> La vita mi ha fatto sempre pensare a una pianta che vive nel suo rizoma: la sua vita è invisibile, nascosta nel rizoma. Ciò che appare alla superficie della terra dura solo un'estate, e poi appassisce...[6]

Solo chi si affida allo Sconosciuto che è in lui, si realizzerà nella vita.

Lo Sconosciuto ci salva da tutto

Se ci dimentichiamo che "l'energia della notte" che ci abita è la nostra radice, è la nostra vera dea, è la sostanza che ci cura e ci guarisce, allora siamo perduti. Se viviamo fuori di noi, non siamo che ombre che vagano nel nulla. Ivana descrive così la sua situazione.

Il mio umore dipende sempre dagli altri. Se mio marito, con il quale ho un rapporto molto conflittuale, è gentile o mi dedica un secondo del suo prezioso tempo, io sono di buon

---

[6] Marie-Louise von Franz, *La morte e i sogni*, Bollati Boringhieri, Torino 1997, p. 144.

umore; se mi ignora o è preso dalle sue cose, che sono mille, io mi sento immediatamente insicura, non amata, e la mia giornata è rovinata. Basterebbe che io mi amassi di più per non dipendere dal suo comportamento.

Vorrei dire a Ivana che la salvezza è solo nella parte invisibile di noi stessi. Svegliarsi la mattina e dirsi: "Mi affido all'immagine sconosciuta che c'è in me. Faccia lei, mi porti dove vuole".

Parlarci come se fossimo abitati da un'entità senza tempo e senza volto, magica, capace di provvedere a noi. Identificando i problemi, li creiamo. Finiamo per credere, come Ivana, di dover superare il conflitto con qualcuno che ci trascura e di doverci amare di più. Niente di più falso. Oppure, come Tania, riteniamo che solo sposandoci al più presto staremo meglio. Tutte storie.

Proviamo a dire alla nostra Immagine sconosciuta: "Fa' tu!". Affidarsi a lei significa diventare spontanei, sentirsi come al risveglio, liberi dal passato, sempre nuovi. Questo vuole l'anima: che tu smetta di dirle come sei e che problemi hai. L'Immagine sconosciuta non vive nel tempo e neppure nelle definizioni. Eppure è la forza che guida la nostra vita, che ci regala una buona vita. Quante cose oggi mi sono venute spontaneamente?

Se mi accorgo che aumentano, sono sulla strada giusta. Vuole dire che la mia Immagine si sta prendendo cura di me. È tanto più facile quanto più la smettiamo di dirci quali problemi abbiamo. Un problema che abbiamo identificato rimane con noi per sempre! Se invece diciamo al nostro buio, alla nostra dea sconosciuta: "Fa' tu, occupatene tu", allora liberiamo il pensiero magico, così caro ai bambini, che è forse il più potente farmaco che il cervello possa produrre.

Se viviamo tutti proiettati all'esterno non vivremo bene, ma se stiamo più vicini all'immagine misteriosa che abita in noi, ci sentiremo immersi nella magia, nella fiaba, nel mito: solo da qui trae origine una buona vita.

4
Puoi fidarti di te

Non sono mai i problemi esterni che ci fanno star male. Piuttosto succede che, non fidandoci di noi stessi, abbiamo perso l'abitudine di ascoltare i messaggi che ci vengono da dentro e prendiamo strade inadatte, che non ci appartengono, che ci fanno sentire insoddisfatti e vuoti. Scrive Schopenhauer:

> La cosa fondamentale per il benessere dell'uomo è chiaramente ciò che risiede in lui stesso o da lui proviene. Mentre tutto il resto che sta al di fuori di lui ha un'influenza solo mediata.[1]

Al nostro interno c'è un'Immagine capace di indicarci la via e quando serve di correggere la traiettoria, di rimetterci in rotta. È simile a un'amica che ci suggerisce le scelte giuste da fare. È un volto dai tratti misteriosi che rappresentano la nostra specificità, quel qualcosa che ci rende unici. È in lei, solo in lei che dobbiamo riporre la nostra fiducia.

Germana partecipa ai gruppi di psicoterapia che tengo ogni giovedì e ha imparato ad affrontare gli attacchi d'ansia come se si trattasse di incontrare una donna, che ha chiamato Lucia.

Ogni volta che sento che mi arriva l'ansia, mi dico che sta venendo a trovarmi Lucia. Le dico: "Lucia vieni pure, ti faccio

---

[1] Arthur Schopenhauer, *La saggezza della vita*, Newton, Roma 1994, p. 26.

spazio". In pochi secondi l'ansia e la paura si trasformano in uno stato di pace, di tranquillità e di gioia. Adesso per me l'ansia è Lucia e mi fido di lei. So che quando arriva dentro di me, mi sta mandando un segnale, mi sta dicendo che non sto facendo la cosa giusta per me.

Pensare che i miei disturbi vengano da un lato di me stesso che ci vede chiaro, che vuole proteggermi, salvarmi da uno stile di vita, da un atteggiamento mentale sbagliato significa sapere che c'è dentro di me un alleato forte, uno Sconosciuto che si sta prendendo cura di me. Non è del nostro Io che possiamo fidarci, neppure del personaggio che recitiamo con noi stessi e con gli altri, né delle cose che pensiamo e che ci diciamo. No, dobbiamo fidarci di qualcosa di sconosciuto che ci abita, che non sappiamo cos'è e che a volte ci manda dei disagi, dei conflitti, delle paure, dei disturbi.

Trasforma l'ansia, la paura, il panico in immagini femminili

Non c'è niente del passato che può disturbare l'Immagine che custodiamo, nessun ricordo spicciolo può mettere in discussione l'essere che siamo. Stiamo male perché abbiamo perduto la nostra Immagine interna, la nostra guida. "Fidati di te" vuol dire "Guarda che dentro di te riposa un'Immagine antica, una traccia, una trama solo tua." Non vive nel tempo reale, non ha l'orologio, non ha fretta. Questa Immagine ha un suo stile, ti vuole nel modo come piace a lei, non come tu vuoi essere.

E poi, noi, come vogliamo essere? Quasi sempre vogliamo assomigliare a tutti gli altri; essere come i modelli che ci hanno fatto entrare in testa. No, tu sei speciale, unico, diverso e hai un tuo stile. A tal proposito Montaigne scrive:

> Non c'è nessuno, se osserva se stesso, il quale non scopra in sé una inclinazione propria, una tendenza sovrana.[2]

---

[2] Michel de Montaigne, *Il benessere fisico e spirituale*, Mondadori, Milano 2006, p. 71.

Fidati di te: vuol dire sapere che c'è un'Immagine centrale, una donna sconosciuta che ti aspetta, proprio come quella che aspetta Alberta, quando le arriva l'insonnia.

Un giorno parlo con Matteo (34 anni): è agitato, irrequieto, ha rinunciato agli psicofarmaci, che prendeva da quattro anni. Le poche volte che l'ho visto gli ho consigliato di ridurre gradualmente le dosi. L'ultima volta ha compiuto il passaggio decisivo: ha eliminato completamente le pastiglie. Sette o otto giorni dopo mi chiama al telefono: ha paura di non farcela, che tornino gli attacchi di panico, mi chiede se non sia il caso di ricominciare a prendere psicofarmaci, almeno a piccole dosi.

Che cosa gli ho detto? Poche parole: "Fidati di te! E ricordati che hai qualcosa dentro che sa dove condurti...". Fidarsi di tutto ciò che capita dentro di noi e che non ha spiegazioni, proprio come quando arriva l'inquietudine, il dolore psichico. Sono onde del mare dell'anima: accoglierle come sono ci porta vicini alla nostra profondità, dove regna la nostra Immagine antica.

Stiamo male perché viviamo troppo fuori, perché crediamo di essere nati ieri, perché ignoriamo le nostre radici. Le Immagini sono gocce dell'anima e cadono dentro di noi, quando meno ce lo aspettiamo. A volte si manifestano con un attacco di panico, altre con brutti pensieri, altre ancora con ricordi insopportabili. Cambia tutto se dentro di me si attenua via via la mentalità che vuole cacciare le "cose brutte" che mi abitano. Scrive lo psicologo e filosofo statunitense William James:

> Non c'è dubbio che credere solo nel bene non è un approccio filosofico valido, in quanto i fatti negativi che in tal modo ci si rifiuta di prendere in considerazione fanno genuinamente parte della realtà; dopo tutto, essi rappresentano la chiave migliore per scoprire il significato della vita, e sono forse gli unici che possono farci aprire gli occhi e vedere i livelli più profondi della verità.[3]

---

[3] Cit. in Eva Pierrakos, *Il male e come trasformarlo*, Crisalide, Spigno Saturnia 1992, p. 137.

Chi sta male? Il mio Io, che vuole essere come tutti gli altri, che ragiona sull'esterno, che si sente solo, che non crede di avere delle radici misteriose che lo proteggono e che lo aiutano in ogni frangente.

Quando arrivano le cose fastidiose, le blocchiamo con i farmaci e crediamo di avere rimesso a posto le cose. Ma così facendo diventiamo sempre più stranieri a quel volto misterioso che ci protegge, che difende la nostra essenza, il nostro essere diversi da tutti gli altri. A volte si presenta in sogno e annuncia la guarigione. "C'era un volto di donna che mi diceva di non preoccuparmi, che i miei disturbi venivano dalla foresta, ma che presto sarebbe spuntato il sole." Questo ha sognato Matteo la notte dopo la nostra telefonata. La foresta simboleggiava la grande energia vitale, gli istinti, il lato selvaggio di Matteo, che negli anni era diventato un professionista del tutto identico a suo padre, che era il capo dell'azienda.

Il suo malessere cercava di distoglierlo dall'imitazione del mondo paterno e coi disturbi lo fermava, gli impediva di continuare con un lavoro che non era il suo. Quel volto sconosciuto lo sapeva, Matteo che prendeva i farmaci no. La foresta coi suoi istinti sapeva cose che il mio paziente ignorava e la donna misteriosa, la "sua" donna misteriosa gli stava indicando la strada. Matteo non ha più ricominciato con gli psicofarmaci. Le Immagini sanno molte più cose di noi: fidiamoci di loro e ci riporteranno a casa.

La bella e la bestia

Quando nella nostra vita ci "accorgiamo" che c'è qualcosa di misterioso, di sconosciuto che scende in campo, allora possiamo dire di essere sulla strada giusta. Questo succede, ad esempio, quando la magia irrompe nella nostra vita, quando le cose non sono più quelle di prima, quando cambia il modo di vedere se stessi, quando le cose che non ci piacciono di noi diventano nostre compagne di viaggio. Quante volte abbiamo detto "Io non farei mai una cosa del genere", oppure "Io non sono come la mia amica"? Quello che chiamiamo il "nostro lato brutto" è la forza della nostra crescita, della nostra trasformazione.

A tal proposito Friedrich Nietzsche scrive:

> Considerate la vita degli uomini e chiedetevi se un albero, che deve elevarsi nel cielo, possa fare a meno del maltempo e della bufera – se qualche forma di odio o di gelosia, di ostinatezza, di avidità, di violenza, non costituisca una situazione favorevole, senza cui è impossibile una grande crescita.[4]

C'è un "altro" dentro di noi che vuole trovare spazio: è completamente diverso da quello che penso di essere, da quello che crediamo vada bene a noi. Stiamo male e non siamo felici, perché resistiamo proprio a questo "altro" e perché cerchiamo una vita tranquilla senza lui. Ma senza di lui non siamo niente, siamo solo zeppi di luoghi comuni come tutti gli altri, con le stesse paure, gli stessi sentimenti, le stesse emozioni.

A volte il nostro lato nascosto irrompe con un sogno. È vero, certi sogni possono cambiarci la vita, come è successo a Linda (32 anni). Da tempo soffriva di attacchi di ansia, disturbi alimentari, blocchi della deglutizione, attacchi di vomito: vere e proprie "crisi di anoressia", come le chiamava, che si verificavano sempre più spesso. Poi una notte ha fatto un sogno.

> *Mi trovo in un luogo dai contorni sfumati, c'è un'atmosfera indefinita di caos e penombra. Su divani di velluto e fra tendaggi scarlatti delle persone fanno sesso: è un'orgia. Degli sconosciuti mi spingono verso un uomo dalle parvenze mostruose, è grasso, ha il doppio mento, delle pustole sul volto. L'essere mi ripugna, ma nonostante ciò gli salgo sopra e mi unisco a lui in un atto d'amore. All'interno delle immagini del sogno si delinea poi un quadro di sacralità, indosso un abito nuziale color ocra e sono sull'altare: sto celebrando le nozze con il "malformato". Lo scenario cambia nuovamente,*

---

[4] Friedrich Nietzsche, *Aforismi*, a cura di Marco Vannini, Newton & Compton, Roma 1993, p. 59.

ora sono in una casa spaziosa: l'ultima ambientazione del sogno è la dimora che dovrò condividere con il mio consorte. Mi sento inquieta, mi domando come ho potuto sposare un uomo che mi ripugna a tal punto, mi dico che presto scapperò. All'improvviso una grossa ape regina comincia a ronzarmi attorno e io agitata corro per tutto il salone fino a quando compare il "malformato" e mi dice: "Sta' immobile e fai come se l'ape non ci fosse e lei non ci sarà". Ascolto le parole dell'uomo-mostro e l'ape esce dalla stanza, poi l'inguardabile mi si avvicina e dice: "Io ti conosco bene" e una serie di animali, gatti, cani... cominciano ad arrivare dal giardino e sono tutti come catalizzati dal "malformato" che ha un rapporto empatico con loro.
Alla fine l'uomo-mostro mi dà una serie di consigli per instaurare "legami magici" con gli animali. Mi accorgo che anch'io ho un'empatia con tutti gli animali che vengono a sdraiarsi ai miei piedi, dolcemente. Anch'io ho i suoi poteri. Mi sveglio.

Il "malformato" come lo chiama Linda, rappresenta il lato istintivo, primordiale, quello che vediamo "brutto", che spesso ci fa schifo e che cerchiamo di combattere e di rimuovere a ogni costo. La nostra cultura cerebrale e intellettuale rifiuta i nostri lati "naturali", ma lì abita la nostra spontaneità, l'intelligenza dell'anima che sa cosa fare di noi, dove portarci. Quanto dobbiamo imparare ad amare la bestia, il personaggio che non ci piace! Amarlo, accettarlo, come nel sogno vuol dire vedere compiersi dei veri e propri miracoli. Emergono doti insospettabili, come la capacità di "addomesticare" animali feroci, o temuti come tali. Dovremmo ricordarcelo ogni volta che vogliamo scacciare il nostro lato brutto, deforme, sia dalla mente sia dal corpo. Quel sogno annunciava a Linda che sarebbe guarita, e così è stato.

Prima era piena di pensieri, il suo corpo non le piaceva, rifiutava il suo lavoro, provava schifo verso il cibo, sognava di realizzare una vita ideale, e il mostro, il "malformato", emergeva sotto forma di disturbi.

Tutti i suoi amici la chiamavano "viso d'angelo" per esprimere il suo modo di essere con gli altri: sempre dolce, accattivante, premurosa, gentile. I suoi amori erano controllati, subiva e basta. Di "suo" non c'era niente. C'era un altro volto dentro di lei che doveva emergere: la bestia, il mostro. Sposarlo e ricongiungersi a lui, come accade nel sogno, l'ha portata verso se stessa, verso quel lato primordiale, istintivo, libero che rimuoveva.

Dopo il sogno, non solo si verifica la guarigione, ma accadono una serie di episodi che lei definisce "magici". Incontra un nuovo amore coinvolgente e passionale, un amore della carne, che mai aveva provato: prima c'erano solo amori idealizzati, irreali, che fallivano puntualmente. Sul lavoro realizza le sue aspirazioni e anzi raggiunge addirittura il traguardo più alto, che mai si era sognata.

Oggi non è più "donna angelica", quando occorre tira fuori l'aggressività, eccome! Il sogno e il "malformato" lo sapevano. Se la "bestia" trova spazio, diventiamo ciò che siamo, ogni magia è possibile, e soprattutto scopriamo risorse, talenti, creatività e benessere.

E se il nostro volto nascosto non ci piace?

La stragrande maggioranza delle lettere che arrivano alla community di Riza riguardano l'incapacità di amarsi, di volersi bene, di avere cura di sé.

Scrive Marianna:

Buonasera a tutti, volevo chiedervi un consiglio: come si fa a volersi bene e amarsi quando ci sono lati del nostro carattere che non ci piacciono? È difficile accettare l'insicurezza, la timidezza e l'emotività perché nella vita ti fregano. Risulti sempre meno capace e in gamba di come magari sei... Cosa devo fare per apprezzare o almeno accettare questi miei lati? Sono alcuni giorni che ho l'ansia... Un saluto a tutti.

Spesso si confonde la parola "amarsi" con le parole "piacersi", "andarsi bene", "stimarsi". Altre volte ci guardiamo dentro avendo in mente cosa pensano gli altri di noi, se per loro andiamo bene, se funzioneremo nella vita. Inutile dire che questo approccio è profondamente sbagliato, che le leggi dell'anima, della nostra interiorità, sono diverse, lontanissime da questo modo di pensare che intralcia la nostra autorealizzazione.

Quando incontro qualcuno che mi dice: "Finalmente ho imparato a volermi bene", in genere ritengo di essere di fronte a una persona sconfitta, che ha perduto la conoscenza profonda di sé, che si è appiattita, spenta, domata. Insomma che ha perso la sua strada.

Negli anni ho imparato ad amare i disagi, a ritenerli qualcosa di speciale, un tesoro che ognuno di noi possiede e che serve a farlo diventare ciò che è davvero. Ma cosa significa amarsi? Accettare quello che c'è dentro di te così com'è. Proprio così com'è. "Non voglio assolutamente che qualcosa sia diverso da così com'è" scrive ancora Nietzsche; "io stesso non voglio cambiare."[5]

E aggiungo che bisogna farlo senza aspettarsi nulla, senza avere niente da dirsi, semplicemente prendendo atto che adesso dentro di sé si stanno affacciando paure inattese, angosce, insicurezza, indecisione. Custodire quelle paure è un atto d'amore verso il luogo sconosciuto, in cui regna quel "vuoto", che è la propria anima.

Io non sono quello che conosco, non sono quello che sa che cosa è giusto o sbagliato per lui. No, io sono quello che constata, che percepisce la presenza di sentimenti invadenti, sconosciuti, di pensieri che non vogliono essere controllati, che non sanno stare al loro posto. Anche Goethe era molto critico nei riguardi della possibilità, per l'uomo, di conoscere se stesso, di definirsi, e scriveva a questo proposito:

> Conosci te stesso... A ciò non si richiedono affatto tormenti psicologici... bensì esso significa molto semplicemente: fa' in qualche modo attenzione a te stesso, prendi coscienza di te stesso.[6]

---

[5] F. Nietzsche, *Come si diventa ciò che si è*, cit., p. 195.
[6] Johann Wolfgang Goethe, *Massime e riflessioni*, Fabbri, Milano 1996, p. 134.

Non mi amo perché i miei progetti non si realizzano, perché non trovo l'uomo giusto, come mi scrive Patrizia della community di Riza:

Vorrei imparare ad amare, non sono riuscita ancora a farlo nella mia vita, sarà perché non ho incontrato l'uomo giusto o semplicemente non so farlo?

La parte più importante di noi, l'anima, è impersonale, naturale, semplice, pratica. Sa fare quello che va fatto per noi. Ha bisogno di amarci per realizzare il nostro destino? Credo che la nostra idea di volerci bene sia un grande veleno per la nostra evoluzione. Un gatto si vuole bene? Una pianta si ama? Si stima un bruco, mentre si riempie di bava che lo trasformerà prima in bozzolo e poi in farfalla? Fa semplicemente quello che deve fare per sé. Impariamo dalla natura.

Ricordati che sei unico e i tuoi disagi sono tuoi, solo tuoi. Nessuno ha lo stesso attacco di panico, nessuna tristezza è analoga a un'altra. Se c'è un altro uguale a me nel mondo, io non ho alcun motivo di esistere. Non ce n'è un altro uguale, nessuno assomiglia a nessuno. Questo è il pensiero che ispira i rabbini chassidici. Per loro realizzare l'unicità di ciascuno di noi è la strada maestra verso l'eternità. Essere ciò che si è significa essere autentici.

A volte siamo gravidi del nostro frutto, ma poiché siamo influenzati dall'esterno, non ci sembra normale. Così non vediamo l'ora di sbarazzarcene. È pazzesco: stiamo per veder nascere la nostra farfalla, ma poiché non assomiglia a nessun luogo comune, ci sembra straniera e la calpestiamo.

Mai, assolutamente mai, giudicare un disagio. Mi sento solo, perduto, spossato, inquieto? Bene, devo accogliere questi stati d'animo. Stanno svolgendo una funzione: sono come la bava del baco che prima fa il bozzolo e poi diventa farfalla.

Marie-Louise von Franz diceva che senza un periodo di depressione non si metteva a scrivere:

Se cado in depressione e per un po' non posso produrre alcunché, più questo tempo si prolunga, migliore sarà il prodotto finale.[7]

Sapeva che per partorire il talento occorre prima fare arrivare le forze del buio, della notte. E la tristezza è una di queste. Senza di loro Luisa sapeva che avrebbe scritto cose banali, scadenti. I lampi di creatività avevano bisogno del vuoto dell'anima, prima di scoccare. Avere cura dei propri disturbi è un buon lavoro sull'anima.

I pensieri ossessivi, le ansie ripetute, gli attacchi di panico non possono andare via se non vengono prima di tutto accolti. Poiché sono irrazionali, vengono dall'anima, da un altro sapere. Sono le nostre specialità: chi non ha mai avuto alcun disagio non può fare il "viaggio". Ogni disagio ci ricorda che ognuno di noi è diverso, come le foglie del ciclamino non hanno nulla a che vedere con quelle della rosa. I disagi sono le nostre foglie: se ne possono andare via solo se abbiamo riconosciuto la nostra pianta, e quindi accettato il nostro carattere, il nostro essere così come siamo: impulsivi, iracondi, tristi, orgogliosi, superbi, fragili.

Bisogna amare quello che le persone comuni vogliono scartare ed eliminare per assomigliare a tutti gli altri. Amarsi è desiderare la propria diversità, così com'è, con i suoi fastidi e con i suoi tesori.

---

[7] Marie-Louise von Franz, *La gatta: una fiaba sulla redenzione del femminile*, Magi, Roma 2008, pp. 32-33..

5
Pensare stanca l'anima

Adelaide (35 anni) in una lettera appassionata mi chiede se ho raggiunto quello che sognavo, se i miei desideri si sono realizzati, se sono contento della vita che faccio.

Sarà che la mia migliore amica è sposata con uno psicologo e, grazie a lei, frequento come amici molti psichiatri e psicoterapeuti, ma non vedo nei loro volti né nei loro occhi quella gioia di vivere che mi sarei aspettata. Anzi spesso li vedo incasinati, presi dai problemi di tutti. Non vedo quella saggezza che dovremmo aspettarci da chi indaga la mente umana e ne conosce i segreti.

Adelaide ha un'idea di come dovrebbe essere l'uomo della psiche, colui cioè che dovrebbe sapere curare l'anima degli altri. Ma la cura dell'anima richiede un altro modo di vedere le cose. Cara Adelaide, quante volte e per quanto tempo ho cercato di capire che cosa non andava bene di me, in cosa sbagliavo, da dove originavano i miei disagi! Così fanno tutti, pazienti e terapeuti: credono di star male per un motivo, qualcosa nella propria storia che è la causa della sofferenza presente – un lutto, un abbandono, un lavoro sbagliato, un'amicizia tradita, lo scarso o il nessun amore ricevuto dai genitori, e così via.

Fino a quando mi sono ostinato a ragionare così, fino a che ho cercato di attenermi ai manuali di psichiatria, stavo male io e stavano male i miei pazienti che, come tutti i normali psicoterapeuti della mia epoca, riempivo di test e di psicofarmaci.

Nemmeno l'analisi mi è servita più di tanto. È stato fondamentale invece incontrare i miei maestri e la lettura dei Saggi, coloro che raccontavano che c'è un altro modo di stare con se stessi, con le cose, con il mondo. Insomma ho imparato a usare un altro sguardo e a percepire l'interno, solo l'interno. Questo è stato decisivo.

Non ragionare, ma percepire

Quando vedi un problema o quello che tu credi essere un problema, non fare niente. Semplicemente, come scrive Henry Corbin: "Ritorna a te stesso e il problema si risolverà".[1]

Percepisci solo le sensazioni che provi, le immagini che affiorano... e basta! Quando il problema ti si ripresenta, ripeti questo semplice esercizio. Bastano quattro o cinque volte al giorno per evitare di fissarsi sul proprio malessere. Pensare e ripensare a un problema affettivo stanca l'anima e le impedisce di usare le sue forze per farci stare bene, di darci quella gioia di vivere che è l'ingrediente fondamentale per realizzare ciò che siamo.

Che cosa è importante? Non ragionare, ma percepire. Quello che *non* sta facendo Iole.

> *Sono molto gelosa, lo sono sempre stata, non mi piace e non mi fa sentire bene. Ogni volta, con questa assurda gelosia, finisco per far scappare il compagno di turno. Come posso fare per stare meglio?*

Bisogna comprendere che, ogni volta che si manifesta, è come se la gelosia si affacciasse dentro di me per la prima volta. Non è assoluta: c'è ora e io la devo guardare ora. Solo *adesso*, nel momento in cui arriva.

---

[1] Henry Corbin, *Corpo spirituale e Terra celeste*, Adelphi, Milano 2002, p. 132.

Bisogna guardare i nostri demoni senza preconcetti, ogni volta con occhi nuovi, come ogni giorno è un nuovo giorno. Chi accoglie senza interferire il dolore che dà la gelosia o l'invidia o la rabbia, sta facendo un ottimo lavoro sull'anima. Ogni giorno vedrà i risultati, che si affacciano con lampi di gioia, con "attacchi veri e profondi di felicità", senza motivo. La felicità viene dal Senza Tempo, mai dai pensieri.

Ma com'è possibile imparare a sentirsi vuoti, che è la cura più facile del mondo? Ogni tanto bisogna accorgersi che non si sta pensando... "To', guarda, sono qui e sto bevendo il caffè e nessun pensiero viene a trovarmi."

È importante accorgersi che adesso, in questo preciso istante, le immagini della gelosia non ci sono... così come, quando arriva, dobbiamo essere pronti a percepirla senza commenti. A chi fa così si rivela un altro lato dell'essere, un altro modo di stare con se stesso e nel mondo.

Non c'è contraddizione tra inquietudini e tranquillità, tra gioia e dolore. Così quando mi sento irrequieto, lascio spazio all'inquietudine e aspetto: so che da un momento all'altro mi arriverà un "attacco di felicità".

Un'emozione e il suo contrario si scambiano posto di continuo, come se l'anima vivesse su un'inarrestabile altalena...

Ce lo spiega bene Marie-Louise von Franz:

> Appena un fenomeno psichico tocca un estremo comincia, dapprima in modo occulto e poi sempre più evidente, a manifestare il suo aspetto opposto. È il fenomeno dell'*enantiodromia*, secondo il quale una cosa si trasforma nel suo contrario.[2]

In questi anni ho imparato dalla saggezza antica a cercare il "fuoco interiore" e ad affidarmi a lui.

Molti vengono da me perché si sentono depressi, oppure per lo stress, l'ansia, gli attacchi di panico. Nessuno viene perché da giorni non si sente eccitato, non prova desiderio per l'altro sesso, la sua immaginazione erotica si è spenta.

---

[2] Marie-Louise von Franz, *I miti di creazione*, Bollati Boringhieri, Torino 1989, p. 47.

Nessuno pensa che senza questa eccitazione siamo in balia di ogni possibile disastro, che potremo precipitare nell'abisso.

I grandi saggi chassidici chiamavano *hitlahabut* questo stato dell'anima: una sorta di eccitazione sessuale, un'estasi, un fuoco che saliva dal basso verso l'alto. Come se l'eros, indirizzato verso l'emissione del seme, avesse il potere di produrre nell'uomo e nella donna immagini creative, stati interiori unici, irripetibili... e terapeutici.

Ai pazienti che stanno male faccio sempre cercare nel proprio corpo un punto in cui sentono una leggera eccitazione, un senso di fuoco – lo trovano tutti – e poi chiedo loro che immagini affiorano.

Tua figlia va male a scuola, tuo marito ti tradisce, ti hanno licenziato? Be', tu non pensarci, cerca quel fuoco... È lui la soluzione, è lui la terapia.

Queste sono le parole che abitano la saggezza più profonda d'Oriente e d'Occidente. Come si arriva alla saggezza? Liberandosi ogni giorno un po' di più dai pensieri e cercando il "fuoco" e le sue immagini dentro di sé, fino a trovarlo: ogni giorno un po' di più.

A Iole direi: "Fa' posto alla gelosia, quando arriva. Se fai così arriva il vuoto e poi lo stato del fuoco. Saprà *lui* cosa fare della tua gelosia. Tu, pensandoci su, la complicheresti".

Cara Adelaide, non può immaginare in quale stato dell'anima si entra! I saggi non ragionano come tutti gli altri, e imparare è molto più facile di quanto si crede.

Tra gli uomini della psiche ve ne sono: sono quelli che si sono liberati il più possibile dai condizionamenti culturali, dal cerebralismo e dalla tecnica. Alla fine per stare bene dobbiamo ritrovare la spontaneità naturale.

Scrive lo scrittore olandese Henri Borel:

> Non vi è che un solo sentiero, semplice... ma implacabile come la linea retta. Questa linea retta è la spontaneità. A destra e a sinistra non vi è che la falsa attività, la non naturalità.[3]

---

[3] Henri Borel, *Wu Wei*, Neri Pozza, Vicenza 1999, p. 47.

C'è qualcosa dentro di noi, dentro gli psicoterapeuti, dentro i pazienti, che sa cosa fare della nostra vita. La saggezza è lasciar fare a questa forza.

Ecco un buon proposito da realizzare: diventare ogni giorno più saggi, che non vuol dire più equilibrati, ma sempre più posseduti dal fuoco della vita.

I sogni si realizzano quando non ci pensiamo più

Fate questa semplice considerazione: di che natura è l'eccitazione che sentiamo quando siamo vicini a una persona che ci attrae?

Questa energia, questo fuoco, questo ardore si chiama desiderio. Ma non è solo dentro di noi, è una forza cosmica, universale, è la potenza che genera la vita.

È la spinta che porta semplici molecole, proteine, minerali, a riprodursi, a germinare, a ri-crearsi, a diventare *bios*.

Fa germinare il seme fino a farlo diventare una pianta che a sua volta produce fiori, frutti e nuovi semi. E allo stesso modo fa "fiorire" noi stessi, ci rende pieni di vita.

È la forza più potente che esista, un'onda che attraversa ogni forma vivente, inarrestabile, e che porta a crescere, svilupparsi, realizzare se stessi.

Ognuno di noi è completamente immerso in questa energia: il nostro Io, che vede le cose in modo limitato e filtrato dai pensieri, a volte non se ne accorge neppure, ma sotto di lui scorre un fiume di energia allo stato primigenio.

E quando l'anima si immerge in questo stato di ardore, quando si perde in esso, tutto diventa possibile, le cose che devono accadere accadono, ciò che siamo si realizza perfettamente.

Avete mai fatto caso al fatto che, quando desideriamo intensamente qualcosa o qualcuno, ci sentiamo più vivi?

Ci pare che un fuoco si accenda dentro di noi, che nelle nostre giornate entri "qualcosa" in più. Ebbene, è proprio questo "fuoco" che ci brucia dentro l'elemento chiave che può realizzare qualsiasi sogno.

Come scrive Martin Buber, a esso "nulla si può opporre, nulla può difendersi dal suo potere".[4]

Rebecca, una giovane amica, mi ha scritto questa significativa lettera:

> *Ho 33 anni, non sono sposata e da tempo soffro di periodi neri. Lavoro come impiegata in una ditta, ma non mi piace. Invece adoro lavorare manualmente: lavoro a maglia, curo le piante, faccio piccoli lavori in casa o creo piccoli oggetti artistici. Sono azioni che mi fanno sentire un'altra: mi entusiasmo, perdo davvero la cognizione del tempo. Rimanere chiusa otto ore in ufficio mi dà ai nervi. Il mio sogno è aprire un'attività tutta mia. A volte mi dico che ce la posso fare, mentre in altre occasioni mi assale l'angoscia che sia solo una fantasia irrealizzabile. Ma dopo un po' dentro di me riaffiora il desiderio. È forse la mia anima che mi dice che quella è la strada giusta? Secondo lei ce la posso fare o è solo un sogno che deve rimanere nel cassetto?*

Cara Rebecca, quando in noi si affaccia un desiderio la cosa migliore da fare è proprio percepirlo, sentirlo, guardarlo come quando contempliamo un panorama, e lasciarlo espandere dentro di noi.

Spesso i desideri non si realizzano perché noi ci fissiamo sull'oggetto, nel tuo caso il negozio. E allora ci immaginiamo come sarà, in che posto sarà, se troveremo i soldi oppure no, se ce la faremo...

I desideri non si realizzano proprio perché continuiamo a pensarci su; dobbiamo invece percepire il piacere che ci dà il desiderio stesso, senza fissarci sulla sua realizzazione.

I sogni si realizzano... quando non ci pensiamo più!

Il segreto è continuare a desiderare, sentire il fuoco e il piacere che il desiderio ci dà, contemplarlo, e quella forza misteriosa potrà realizzarlo a modo suo, non come l'abbiamo in mente noi.

---

[4] Martin Buber, *Storie e leggende chassidiche*, Mondadori, Milano 2008, p. 213.

Desiderare vuol dire entrare in quello che i saggi chassidici chiamavano Regno di Hitlahabut, cioè il regno del bruciare, dell'ardere, della passione, ad esempio quella che prende Rebecca quando si dedica ai lavori manuali. Desiderare senza pensare: questo è il segreto! La cosa accadrà perché "perdersi" è la strada che porta alla realizzazione. Ecco perché dobbiamo chiederci tutti i giorni: quanto ardore ho provato, oggi? Quanto desiderio ho sentito e quanto sono stato bravo a non ragionarci su, ma a lasciarlo vivere dentro di me?

Allora l'anima troverà da sola la strada giusta per realizzare ciò che vogliamo, che è la forza che trasforma il seme in fiore e in frutto. Ed evitiamo di provare ad autoconvincerci, come propongono i fautori del "pensiero positivo", con forzature del tipo: "Dài, credici, di' a te stesso che sei bravo, che sei forte, che ce la puoi fare". Meglio lasciar perdere: queste ricette non funzionano, ci rendono solo fasulli e artificiali, cioè proprio il contrario di ciò che serve a realizzare la nostra essenza.

Il "pensare positivo" ci vuole finti, ci spinge a recitare un personaggio grottesco sempre allegro e sorridente. Ci dice: "Vuoi far carriera sul lavoro? Va' allo specchio e ogni giorno di' a te stesso che ce la puoi fare!".

Ma se quel sogno di carriera non fosse il nostro, se rispecchiasse solo il desiderio di essere come tutti gli altri?

Perderemmo la nostra originalità, e rincorrendolo non rimarremmo aderenti alla nostra immagine, cioè a noi stessi.

Infatti solo nel fuoco del desiderio nascono gli obiettivi davvero adatti a noi. Non nei pensieri, men che meno nei "pensieri positivi". Anzi, i sogni si realizzano solo quando smettiamo di fare sforzi per raggiungerli, quando lasciamo che la vita ci porti spontaneamente verso la realizzazione di noi stessi. Proprio il contrario di una recita.

Si tratta di quell'atteggiamento mentale che il pensiero cinese definisce *wu wei*, ovvero una condizione di cedevolezza e non azione.

Scrive Chuang-Tzu:

Quando tu saprai essere Wu Wei nel senso ordinario e umano del termine, tu SARAI veramente, e compirai il tuo ciclo vitale senza sforzo, come l'onda che ci lambisce i piedi.[5]

Niente pastiglie: fatti curare dal fuoco dell'anima

Giovanni (43 anni) ha da tempo un rifiuto nei confronti di sua moglie. Da anni non la desidera più sessualmente. Consigliato dal suo medico, prende il Viagra, che inizialmente gli dà l'erezione salvo poi, dopo poco tempo, perdere ogni efficacia. Ritiene di essere "finito sessualmente", come mi dice in un colloquio. Non ha pensato che la sua anima, nell'impotenza che gli faceva sperimentare, si stesse prendendo cura di lui...

L'anima è invisibile e concreta: non ci manda dei sintomi, dei disagi, dei disturbi per portarci fuori strada, ma piuttosto per farci trovare la nostra strada. Giovanni ha smesso il Viagra, ha accettato l'impotenza e non ha fatto nient'altro. Dopo due o tre mesi ha incontrato una donna con la quale la sessualità si è risvegliata: "Mi sembra di essere tornato a quando avevo trent'anni, con lei faccio l'amore incessantemente".

Quando il desiderio si riaccende è segno che l'anima sta scendendo in campo per curarci. Giovanni non era affatto finito sessualmente, come aveva pensato. La cosa interessante è che l'incontro con questo nuovo amore gli ha portato anche un entusiasmo nuovo e dei cambiamenti di lavoro inaspettati. Si è messo in proprio e ha raggiunto con soddisfazione gli obiettivi che, in tutta la sua vita lavorativa, non era mai riuscito a realizzare.

Questo amore ha attivato forze interiori creative che erano sopite, che si erano spente. La donna che Giovanni ha incontrato era la dea che le ha risvegliate, e questo fuoco che ha avviato cambiamenti imprevedibili ricorda l'ardore, la passione a cui si riferiscono i saggi chassidici, il misterioso

---

[5] Cit. in H. Borel, *op. cit.*, p. 31.

hitlahabut. La storia con questa donna ora è finita, con sua moglie i rapporti sessuali sono "ripresi alla grande" e il lavoro continua a dare notevoli soddisfazioni. L'anima aveva per lui un progetto: il Viagra poteva solo ostacolarlo. La nostra interiorità ha un obiettivo per ciascuno di noi: le pastiglie sono il veleno che lo inibisce.

Fidati dei disturbi, non delle parole che ti dicono

Quanti farmaci ha assunto Giorgio per risolvere la sua eiaculazione precoce, quante sedute di psicoterapia per eliminarla! Quanti urologi lo hanno sottoposto a esami di ogni tipo! Quando l'ho incontrato gli ho semplicemente detto che la sua anima aveva fatto tanta fatica per parlargli, per mandargli un messaggio che arriva dal profondo. Chi siamo noi per cacciare via, con un colpo di spugna, l'eiaculazione precoce?

Bisogna imparare ad amare i nostri disturbi: ci stanno parlando, si stanno prendendo cura di noi, della nostra essenza. Se vogliamo essere maschi come i personaggi inutili di certi film, l'eiaculazione precoce diventa un nemico da abbattere a tutti i costi. Per fare che cosa di noi? Per farci assomigliare a quel modello di virilità che ci siamo messi in testa. L'anima vuol amare a modo suo, godere a modo suo, trovarsi la persona adatta a lei.

Giorgio mi diceva che voleva, doveva riuscire a fare l'amore con Roberta, ma quando gli facevo chiudere gli occhi, immaginava un'altra donna, con tratti del viso e un atteggiamento mentale opposto a quello di Roberta. Lui, il suo Io, il suo orgoglio la volevano: ma l'anima la detestava e con l'eiaculazione precoce esprimeva il suo rifiuto. Quando si masturbava e immaginava un'altra donna aveva un'erezione interminabile e faceva fatica a raggiungere l'orgasmo. Da solo con la sua donna interiore non aveva problemi: con Roberta sì.

Questo non lo avevano capito né gli urologi né gli psichiatri che lo hanno riempito di antidepressivi. La sua anima lo avvisava, a modo suo, quando "sbagliava" la donna con cui fare l'amore. Seduta dopo seduta gli facevo immaginare di essere un uomo dell'antichità, che lui "modellava" liberamente. Giorgio immaginava di essere un filosofo e di avere al suo fianco una donna matura che lo accarezzava, che gli parlava dolcemente, e alla quale lui raccontava storie e leggeva libri. Tra loro c'era un'intesa sentimentale fortissima e niente sesso. Per tutto il periodo della fantasia aveva un'erezione, che gli durava poi per il resto della giornata.

Come poteva lui, che nel più profondo di se stesso si sentiva un filosofo, fare sesso come un attore porno? La cosa che più detestava di Roberta era che durante i loro incontri si svestiva in un attimo, senza dire niente, senza le parole che invece dominavano la scena che immaginava a occhi chiusi.

L'ho invitato ad avere cura del filosofo e della donna matura di altri tempi: non si ha idea di che potere hanno le immagini sul nostro sviluppo, sul nostro futuro, sulla nostra guarigione. Di quanto, scrive Jung "possa essere d'aiuto, da un punto di vista terapeutico, seguire le particolari immagini che si nascondono dietro le emozioni".[6] Le immagini antiche sono un farmaco potente dell'anima: ci avvisano di che cosa abbiamo bisogno.

Così Giorgio, quando incontrava Roberta, evitava di andarci a letto: uscivano a cena e lui le parlava, raccontava storie, i libri che aveva letto e che lo avevano conquistato. Una sera "il filosofo" gli ha fatto fare l'amore con Roberta senza l'eiaculazione precoce. "È stata una sera di parole, di dolcezza e di carezze." La penetrazione è avvenuta ed è durata tantissimo. L'anima di Giorgio voleva che fosse "il filosofo" a fare l'amore e non il modello artificiale che lui si sentiva obbligato a essere.

Stiamo male perché l'anima vuole far scendere in campo l'essere che siamo nel profondo. Non riusciamo a stare bene perché abbiamo perso la naturalezza, la semplicità.

---

[6] C.G. Jung, *Ricordi, sogni, riflessioni*, cit., p. 220.

Non soltanto ci riempiamo di sostanze chimiche inquinanti, di farmaci, di molecole del tutto innaturali, ma anche la nostra psiche è totalmente artificiale. Forse per la prima volta nella storia siamo lontanissimi dalla nostra spontaneità e finiamo puntualmente per soffrire, perché non ci fidiamo delle nostre risorse interne.

Del resto come puoi fidarti di te stesso se ragioni come tutti gli altri, se assomigli alla massa, se non sei cosciente che dentro di te esiste un sapere profondo, una forza che ha cura di te? Non dobbiamo mai dimenticare che l'anima, come ci ricorda lo studioso sufi Abu Hamid al-Ghazali, "contiene in potenza tutte le conoscenze, come il seme contiene in potenza tutte le possibilità della pianta e il suo modo di essere".[7]

---

[7] Cit. in Henry Corbin, *Storia della filosofia islamica*, Adelphi, Milano 2007, p. 191.

6
Che cosa ti piaceva da bambino?

Quando ci si trova in difficoltà, con se stessi o con gli altri, si tende ad attivare risorse di tipo razionale: si cerca di pensare più a fondo al problema, di analizzarlo, sforzandosi di capirne le cause. Invece è sempre una scintilla, una molla che scatta all'improvviso e a nostra insaputa a farci vedere di colpo tutto in modo chiaro o a spingerci nella direzione giusta, ponendo così fine al lavorio mentale. Come attivare questa capacità quando ne abbiamo più bisogno?

Basta socchiudere gli occhi e dar spazio alle Immagini... Da sole, le Immagini sono capaci di portarci in uno spazio antico, attivano aree del cervello "arcaiche" risvegliando la nostra memoria delle origini, il sapere che tutta l'evoluzione della natura ci ha consegnato. Lì arrivano le risposte, fioriscono le intuizioni che ci suggeriscono cosa fare per uscire dalla crisi, che direzione prendere e come ritrovare la nostra strada.

Una cosa che possiamo fare è ripensare a cosa ci piaceva da bambini: i giochi che inventavamo col nonno, il bosco in cui ce ne stavamo incantati a osservare le piante, i piccoli oggetti che raccoglievamo e guardavamo per ore... Sostiamo in queste immagini, senza pensieri, per alcuni minuti, e poi torniamo alle nostre solite occupazioni. Per far nascere nuove idee bisogna fermare i pensieri e affidarsi all'interiorità.

Ripetendo questa esperienza ogni giorno, sposteremo gradualmente la nostra attenzione dai problemi che ci assillano al nostro spazio interno. Questo consente alle risorse interiori di fiorire. Nasceranno interessi diversi, saremo più aperti a nuove relazioni e sapremo cogliere al volo le occasioni che si prospettano. Le Immagini sanno come guidarci...

Per uscire da una crisi occorre dar voce ai nostri veri interessi, a ciò che davvero ci piace fare. Così si risvegliano la passione, la voglia, l'entusiasmo e contemporaneamente attiviamo il "cervello intuitivo", che sa trovare le soluzioni giuste, quelle adatte a noi in quel momento. Questo è il vero sentiero dell'anima...

Constatare e arrendersi

> Quel piccolo frammento che tu rappresenti, o uomo, ha sempre il suo intimo rapporto con il cosmo. Non per te infatti questa vita si svolge, ma tu piuttosto vieni generato per il cosmo.[1]

È un celebre passo delle *Leggi* di Platone. Su questo tipo di visione cosmica dell'anima è incentrato tutto il mio lavoro di psicoterapeuta e di psichiatra. Vale a dire che quando una persona viene da me non mi soffermo sulla sua storia, su ciò che le è accaduto, se non perché ogni paziente comincia il racconto parlando di sé e di quelle che crede siano le cause dei suoi disturbi.

Ma io conosco l'anima, so che non ragiona in chiave scientifica e che non sottostà alle leggi di causa-effetto. Il pensiero scientifico è semmai un modo di essere collettivo, che il cervello ha assorbito, per cui non riusciamo a concepire un rapporto con noi stessi, e neppure a vivere uno stato d'animo, senza farlo risalire a qualche causa remota oppure a un avvenimento esterno. Viviamo di fatto cercando nella nostra storia le cause di ciò che siamo, e questo ci allontana dal pre-

---

[1] Cit. in Moreno Montanari, *La filosofia come cura*, Unicopli, Milano 2007, p. 101.

sente, che è l'unico luogo in cui vive, riposa e si manifesta il codice segreto dell'anima.

Se l'anima vive nel presente, cercare le cause di ciò che sono nel passato è quanto di più fuorviante, artificiale e illusorio possa esistere. Il filosofo Romano Madera ha scritto:

> Per ben vivere bisogna stare nel tempo vissuto nell'azione presente, e quindi morire al rimpianto per il passato.[2]

Un'altra caratteristica dell'anima è che "ragiona" in modo globale: continuare ad analizzare i settori limitati dell'esistenza significa allontanarsi, talora in modo definitivo, dalle sue capacità terapeutiche. Frasi ormai entrate nel linguaggio corrente e comune, ereditate da certa psicoanalisi, come "la mia parte aggressiva" oppure "ieri è venuto fuori il mio lato istintivo", ci distanziano dalla nostra essenza in modo a volte irreparabile, proprio perché l'anima non conosce le parti, ma ragiona sempre e comunque come una totalità, come un sistema infinito.

Una volta stabilito che c'è una parte di me aggressiva, dipendente, remissiva, gelosa ecc. finirò inevitabilmente per correggerla, per cambiarla, e vivrò con l'idea che sarò perfetto solo quando avrò eliminato o controllato tutto quello che di me non mi piace, che "non va bene". Da qui all'inferno interiore il passo è breve. Sarò perennemente in lotta con me stesso, cercherò di domarmi, di combattermi, di annientare lo "spiacevole" che mi abita.

Il mio modo di fare psicoterapia è imperniato su due parole: constatare e arrendersi. "Constatare" significa accorgersi, prendere atto che adesso (e insisto sulla parola "adesso") io mi sento geloso, invidioso o arrabbiato. "Arrendersi" significa percepire questi stati d'animo e lasciarli espandere, diffondere al mio interno.

È importante la percezione del corpo. Occorre chiedere sempre a chi sta male dove sente, dove avverte, in quale parte del corpo (petto, addome ecc.) si diffonde la tensione

---

[2] Romano Madera, *Il nudo piacere di vivere: la filosofia come terapia dell'esistenza*, Mondadori, Milano 2006, p. 102.

dell'invidia, della rabbia, della gelosia. Percepire nel corpo le emozioni che chiamiamo "sgradevoli" evita le somatizzazioni, impedisce che esse si incarnino nei nostri tessuti. "Arrendersi" significa non opporsi, partire da quella sensazione corporea della rabbia e sentirla espandere, ogni volta un po' di più.

Se l'anima non s'interroga sulle cause, l'errore più comune che si deve evitare è quello di attribuire i propri stati d'animo a qualcosa o a qualcuno. Per questo i miei pazienti imparano in fretta a non collegare i loro attacchi di panico, le loro paure o le loro insoddisfazioni a una causa esterna. Io adesso mi sento triste, voglio percepire la tristezza, cedere, abbandonarmi a lei e non devo chiedermi che cosa l'ha causata. Inizialmente tutti credono di sapere perché stanno male; per qualcuno è un lutto, per qualcun altro è un abbandono, per alcuni un matrimonio che non funziona, per altri ancora una frustrazione lavorativa.

Si può imparare velocemente a non cercare mai le cause: così facendo diventiamo grandi osservatori dei nostri stati d'animo, delle immagini che affiorano dall'interno, senza emettere alcun tipo di giudizio e di commento. Se di fronte all'ansia cedo, la lascio espandere e non ho niente da dire, non dovrò fare la cosa che più di tutto fa stare male l'anima, e cioè "correggere".

A tal proposito Oscar Wilde scrive:

> Ogni impulso che cerchiamo di sopprimere cova nella mente e ci avvelena... L'unico modo per sbarazzarsi della tentazione è cedervi.[3]

Vale a dire che più mi sforzo di mandare via un disturbo, più penso a cosa non va bene di me, a ciò che causa l'agitazione, più cercherò di correggere ciò che sono, i miei impulsi, il mio modo di essere. I disturbi non vengono per cambiarci, ma affinché li osserviamo, prendendo atto della loro esistenza dentro di noi. L'ansia viene da un luogo sconosciuto e io devo imparare ad accoglierla, a lasciarla espan-

---

[3] Oscar Wilde, *Aforismi*, Barbera, Siena 2008, p. 74.

dere, a osservarla senza combatterla. Si tratta di un "lavoro energetico": spiegare, capire, cercare i perché, ci porta nel campo della razionalità, in cui tutto ci sembra sempre uguale e identico, mentre invece l'ansia delle ore 18 non è quella delle 14.

Osservare l'ansia quando c'è: questo è il perno del mio modo di fare psicoterapia. Chi dice: "Ho sempre l'ansia", oppure: "Sono sempre triste" non sta osservando gli stati d'animo, e quindi non si accorge che l'anima è altalenante e così le nostre emozioni. Dentro di noi, niente è "sempre uguale": ci sembra di essere sempre tristi solo perché non osserviamo l'interno, e così non conosciamo la sua mutabilità. Il filosofo statunitense Ralph Waldo Emerson afferma:

> Nulla è stabile, la gente vuole quiete e stabilità, ma solo nella misura in cui è instabile vi è per essa speranza.[4]

Si ottiene un immediato sollievo quando si impara ad ascoltare i disturbi senza dirsi niente, semplicemente constatandone la presenza e cedendo ogni volta un po' di più.

Con i disturbi ricerchiamo la nostra unicità

L'anima ha un progetto per noi, come il seme ha il progetto di fare quella pianta, con i suoi fiori e i suoi frutti. Il famoso medico britannico Edward Bach ha scritto:

> Ognuno di noi ha una missione in questo mondo – e le nostre anime utilizzano le nostre menti e i nostri corpi come strumenti per compiere questo scopo.[5]

Non stiamo male perché la nostra vita è andata storta o ci ha riservato brutte sorprese, ma semplicemente perché non stiamo fiorendo e facendo frutti come potremmo fare. Ogni disturbo è sempre il tentativo di portarci in un nuovo stato energetico, che ci distolga da noi stessi e realizzi ciò che vuole l'essenza. Scrive Marcel Proust:

---

[4] Cit. in M. Montanari, *op. cit.*, p. 62.
[5] Cit. in Giorgio Cerquetti, *Saggezza senza tempo*, Anima, Novara 2007, p. 283.

La sofferenza è una sorta di bisogno di prendere coscienza di uno stato nuovo... di rendere la sensibilità adeguata a quello stato.[6]

Così di fronte a ogni disagio, a ogni disturbo, mi chiedo sempre che obiettivo vuole raggiungere l'anima, facendoci soffrire. Il malessere non va visto come una punizione, ma come il tentativo di portare alla luce energie sepolte che il nostro Io non utilizza. Sepolte come le cose antiche, le funzioni arcaiche che sono la casa della nostra essenza.

Perciò chiedo sempre a ogni paziente com'era da bambino e da adolescente. Non mi interessa sapere la sua storia, ma semplicemente cogliere se c'era qualche immagine speciale, qualcosa di "originale", che a lui magari sembrava strana, che spesso gli altri non approvavano, e che pure emergeva spontaneamente e con forza. All'inizio tutti dicono di non ricordare che ci fosse qualcosa di strano nella loro infanzia, ma puntualmente emerge un modo di essere, il fotogramma di un fatto unico, irripetibile e inspiegabile. Qualcuno scriveva fiabe o racconti, o teneva un diario, oppure disegnava in modo forsennato o si travestiva con le maschere. C'è chi fuggiva spesso da casa e chi si sentiva in preda a impulsi irrefrenabili. Qualcosa che emergeva fuori da ogni logica e che spesso gli altri, i genitori, gli amici, e più tardi il marito o la moglie, hanno contrastato.

Nel mio modo di concepire la terapia, so che dietro la superficie delle cose che dice il paziente, c'è un altro essere, c'è l'anima che sa sempre cosa fare, dove andare. Ogni disagio è un regalo di questa Immagine misteriosa che conduce la nostra vita, che non sa che farsene dei miei ragionamenti, delle mie conclusioni sulla mia vita, e tanto meno dei miei obiettivi.

Per questo, quando arriva un attacco di panico, chiedo sempre ai miei pazienti di accoglierlo. Poi li invito a socchiudere gli occhi e a immaginare un volto sconosciuto al

---

[6] Marcel Proust, *Massime e aforismi dalla* Recherche, a cura di Massimo Baldini, Newton & Compton, Roma 1994, p. 57.

loro fianco. Molti riescono, in una frazione di secondo, a dare un nome a quel volto sconosciuto.

È sempre utile sapere che in noi abitano almeno due nomi: quello che ci hanno dato e quello che invece viene dal tesoro nascosto, dall'energia senza volto dell'anima. Per questo i Maestri cambiavano nome agli allievi: volevano, così facendo, che si affacciasse in loro un altro suono, un altro modo d'essere, diverso da quello convenzionale cui erano abituati. Trovare un'altra identità è un gioco che i bambini fanno spesso, perché abitano vicino all'anima, che non ha mai un solo nome... Per questo un tempo c'erano i soprannomi che evidenziavano caratteristiche che il nome vero non rivelava. Sapeste come cambia la mia vita, quando chi scrive non è il Raffaele che conosco, ma un altro, sconosciuto, misterioso, che lo sa fare in modo naturale, semplice, senza fatica, senza preoccuparsi di cosa diranno gli altri.

Talora questo volto e questo nome sconosciuto diventano la guida dell'individuo. Roberta un giorno mi ha detto che la sua donna interiore, che aveva chiamato Désirée, provocandole degli attacchi di panico l'aveva salvata da un matrimonio cui era spinta solo dai suoi modelli e dalle convenzioni familiari e che invece nel profondo detestava. "Con il panico Désirée mi ha fermata, non mi faceva più uscire di casa e si è calmata solo quando le ho detto: 'Vabbè, se non vuoi, non ti porto all'altare'."

L'anima sa sempre cosa fare. A patto di non riempirla di pensieri, di commenti, a patto di non chiedere consiglio a nessuno ma di affidarsi a lei, solo a lei. L'anima, a qualunque costo, vuole fare della nostra esistenza qualcosa di originale, non la fotocopia di altre vite.

Quando qualcuno sta male, penso sempre che qualcosa in lui non si è arreso, non ha voluto diventare come tutti gli altri. Quando invece vedo persone sicure, convinte di come vivono, tranquille, che si occupano solo di cose esterne, progetti, vacanze ecc., quando le vedo recitare il ruolo delle persone realizzate, penso che sono diventate solo la maschera di se stesse, e provo una grande tristezza: hanno perso l'anima.

A volte l'anima ha bisogno di ridere

Incontro Monica in un gruppo. Mi parla della sua difficoltà ad avere bambini: "Io e mio marito abbiamo fatto esami su esami: non hanno trovato niente. Ne ho parlato con tutti: amici, conoscenti e alla fine sto pensando alla fecondazione artificiale. Per me è diventata un'ossessione. Ci penso e ci ripenso tutto il giorno. Mi dico un sacco di cose, ma non rimango incinta".

Nel frattempo la sessualità è diventata una routine, volta esclusivamente alla tanto desiderata fecondazione. "Ho finito per stressare anche mio marito. Dopo ogni rapporto nei giorni giusti gli chiedo sempre se ce la faremo ad avere un bambino, col risultato che tra noi oggi c'è più distacco, più insofferenza, meno passione."

Quel giorno ho fatto un patto con Monica. Provi, le ho detto, a non pensare al bambino che deve arrivare, a non parlarne più con nessuno e soprattutto non con suo marito. È rimasta perplessa ma mi ha assicurato che ci avrebbe provato.

Quando l'ho incontrata qualche giorno dopo mi ha comunicato che era riuscita a staccarsi dal pensiero ossessivo della gravidanza. "Faccio finta di niente con me stessa, e se mi arriva il pensiero del bambino... mi distraggo. Sto eseguendo il compito che lei mi ha dato."

Sarebbe bastato questo? Distogliere il pensiero da una cosa che desideriamo può esserci d'aiuto? Credo proprio di sì, ma non è sufficiente.

Per realizzare i nostri desideri più profondi, come quello di Monica, occorre cercare al nostro interno una corrente di gioia, di felicità che spinga l'anima a creare spontaneamente, senza pensieri, senza ricordi, senza ragionamenti. Se desideri qualcosa non ci devi pensare su e tormentarti, ma farti travolgere dalla gioia.

Faccio mie le parole di Pinchas, un grande saggio ebreo:

> Tutti i piaceri ci vengono dal paradiso: persino le buone barzellette. La gioia è di un gradino superiore alla tristezza. Anche il neonato dapprima piange e solo più tardi sorride. Vuol

dire che è salito d'un gradino più in alto. Perché la gioia scaturisce dai mondi superiori: dalla Gloria divina. E per questo la gioia lava tutti i peccati.[7]

Qualsiasi idea abbiamo del sacro, lo stato di gioia, di allegria senza motivo, contiene poteri terapeutici immensi. Per questo ho chiesto a Monica se c'era qualcosa nelle sue giornate che la faceva ridere, gioire. Come sempre chi è preso da un problema non si guarda intorno e così Monica mi ha risposto di no. "Se dovesse venirle in mente qualcosa che le dà gioia, mi telefoni." E così è accaduto dopo qualche giorno. "Sa, Morelli, che cosa mi fa impazzire dal ridere? Le telefonate con la mia amica Giovanna!" Così Monica e Giovanna hanno ripreso a chiamarsi tutti i giorni. "Muoio dal ridere quando sento la sua voce, le sue parole che raccontano dei suoi amori, le battute che dice ai suoi uomini. Giovanna è veramente un clown!"

Nel frattempo Monica aveva smesso di cercare rapporti sessuali ripetuti per restare incinta e l'ossessione di avere un bambino si era affievolita. Una sera Giovanna le racconta di essersi travestita in un incontro amoroso con il suo partner. "Ho cominciato a ridere e non mi fermavo più. Mi ha preso una strana eccitazione, un desiderio irrefrenabile di fare l'amore. Mi sono vestita sexy e ho fatto impazzire mio marito. Non avevamo mai goduto così. Facevo l'amore e mi veniva da ridere per il fatto che ero così scatenata e dicevo cose che a letto non mi sarei mai sognata di dire. Usavo parole non mie, mai dette... Ma mi sentivo libera. Neanche per un secondo ho pensato alla gravidanza e per di più non erano neanche i giorni buoni." Il giorno dopo lui è partito per una settimana.

Quella notte, Monica è rimasta incinta. Certo, è stato uno spermatozoo, ma sono state anche le parole di Giovanna, le risate, l'atmosfera erotica e gioiosa che le ha trasmesso. La fecondazione avviene nell'utero, ma tocca contempora-

---

[7] Cit. in Jiri Langer, *Le nove porte: i segreti del chassidismo*, Adelphi, Milano 2009, pp. 214-215.

neamente le aree primordiali del cervello. Dobbiamo ricordarci che se si crea l'atmosfera "giusta", di sensuale felicità, l'anima attiva i suoi poteri immensi.

Non le fai spazio? Ti farà soffrire

Tutti pensiamo che il nostro processo di crescita finisca quando il corpo, le sue funzioni e i suoi organi sono del tutto formati. Giunti all'età adulta, insomma, non c'è più nulla che debba evolversi in noi. Niente affatto: c'è in tutti noi una funzione invisibile, sottile, che non cessa mai di svilupparsi: è l'anima, che non smette mai di fiorire. Con un'azione "sottile" ma concreta costruisce la trama profonda del nostro essere, come un germoglio che prepara i suoi frutti.

Spesso i malesseri ci assalgono quando la nostra anima non riesce a esprimersi, quando ci ritroviamo in un vicolo cieco, bloccati da scelte sbagliate. È così che vengono a farci visita i disturbi più disparati. La rinuncia a essere se stessi prima o poi si trasforma in disagio, in malattia. Un'ansia fastidiosa e persistente, una sensazione costante di insoddisfazione che sfocia in depressione, ma anche disturbi fisici come tachicardia, ipertensione, asma, allergie, colite, mal di schiena o altro... Le nostre scelte sbagliate si riflettono sul corpo, ma questi disturbi esprimono anche una parte di noi che non si rassegna, che chiede ascolto. Come nel caso di Antonella.

Antonella (32 anni) lavora come fisioterapista. Ama molto il suo lavoro e il continuo contatto con la gente la fa sentire una donna utile, realizzata. Poi si sposa, e quasi subito rimane incinta e dà alla luce un bambino. La cura del piccolo le richiede grande impegno e lei, senza pensarci, sceglie il suo nuovo ruolo di madre rinunciando quasi completamente alla sua professione. Dopo qualche anno passato per lo più ad accudire il bambino e la casa, il marito le manifesta il desiderio di avere un secondo figlio. Antonella è contrastata, ma per far contento il suo compagno soffoca il desiderio di tornare finalmente a lavorare e acconsente all'idea di una nuova gravidanza. D'improvviso però le mestruazioni scompaiono, senza nessuna motivazione clinica. "L'ovulazione si è bloccata" dice il ginecologo. "A volte capita senza una spiegazione plausibile." Ma l'anima di Antonella sa quello che fa: inibendo l'ovulazione, le "nega" la possibilità di procreare e favorisce il ritorno al lavoro tanto amato.

La vita di Antonella, pur ricca di affetti, stava inaridendosi perché non nutriva più il suo scopo: con quell'"inspiegabile" sterilità, il suo corpo è arrivato a darle man forte.

7
Solo le immagini sanno curarci

Quando diciamo: "Voglio essere me stesso", in realtà alludiamo a un nostro possibile sviluppo e quindi ai regali che la nostra essenza può farci, ai frutti che può produrre. Anche se non ce ne accorgiamo, c'è una voce nascosta che ci dice incessantemente: "Sii te stesso", o meglio: "Fidati di te". Allude al fatto che c'è qualcosa che sappiamo senza averlo imparato: a questo qualcosa è dedicato questo libro.
"Fidati di te "scriveva Goethe "e saprai vivere",[1] sottolineando come il vero progresso sia andare verso se stessi. La nostra Immagine Originaria è tutto il nostro sapere! Niente di quello che abbiamo studiato, che abbiamo imparato, può aiutarci. Poiché l'essenza vive nel vuoto e ha bisogno di luce, come la pianta, per evolvere, "siamo noi stessi" quando siamo presenti e guardiamo cosa c'è dentro di noi. Guardare è portare le cose nella luce… Osservare la tristezza, i sentimenti, le paure, il panico, significa trasformare i disagi in sapienza e soprattutto affidarsi a quel "sapere innato" che ha soluzioni immense. Lo sguardo senza pensieri e senza intenzioni lo esalta, lo rende capace di sviluppare quell'Immagine Originaria e primordiale che caratterizza ciascuno di noi. Più questa Immagine si fa spazio nella nostra esistenza e più tutto diventa semplice, naturale, concreto.
Si tratta di nascere una seconda volta: dopo il parto che ci

---

[1] Cit. in *Sulla felicità: aforismi*, a cura di Barbera, Siena 2008, p. 64.

ha visti fisicamente nascere al mondo, c'è un secondo, più fondamentale travaglio, dopo il quale rinasciamo grazie alle nostre percezioni e al nostro sguardo interiore. Solo l'interno ha soluzioni... È un errore credere che esista un "problema" da "risolvere": la nostra Immagine Originaria, se non viene disturbata dal pensiero, ha soluzioni pratiche immediate. Ha bisogno solo di una cosa: che guardiamo cosa ci disturba e che ci facciamo da parte. Forse lo sguardo, liberato dal nostro Io, è ciò che la attiva, che la rende capace di sviluppare pienamente i suoi poteri invisibili.

Solo l'Originale che ci abita ha soluzioni autentiche.

Il nostro volto ha radici cosmiche

Qualcosa di unico sorregge la trama della nostra esistenza, come unico è il viso che guardiamo allo specchio. Il nostro volto ci ricorda la nostra impronta, l'unicità della nostra esistenza. Nel libro l'ho chiamata con diversi nomi.

L'espressione "Immagine Originaria" rende bene l'idea di qualcosa che sta all'origine del nostro essere, ma seguendo René Guénon, bisogna dire che questa Immagine ha anche sempre e comunque una "funzione cosmica"; come se in noi esistesse una "prima virtù", un'immagine che ha il sapore dell'eterno e che forse c'era prima che nascessimo, qualcosa che costituisce la traccia invisibile del nostro essere e contemporaneamente appartiene al principio creativo dell'Universo. Anzi, Guénon ci dice che "siamo noi stessi" quanto più riconosciamo il nostro legame col "principio universale":

> Questi esseri, umani e non, sono dunque, in tutto ciò che sono, completamente dipendenti dal Principio, al di fuori del quale non vi è nulla, assolutamente nulla che esista.[2]

Ho parlato di Immagine Originaria, volendo significare che c'è qualcosa di noi che si trova all'origine della coscienza umana, ma anche per chiarire che ciò che siamo

---

[2] René Guénon, *Scritti sull'esoterismo islamico e il Taoismo*, Adelphi, Milano 1997, p. 45.

autenticamente ha la consistenza delle Immagini. Immagine Originaria vuol dire che in noi riposa qualcosa che ha la consistenza della luce sottile, che vive fuori dal tempo e contiene l'inizio e la fine del nostro sentiero. A volte ho ritenuto di sostituire l'Immagine Originaria con termini come "lo Sconosciuto". A tale proposito, infatti, Guénon afferma:

> La vera ragione delle cose è invisibile, inafferrabile, indefinibile, indeterminabile. Solo lo spirito ristabilito nello stato di semplicità perfetta può afferrarla nello stato di contemplazione profonda.[3]

Già, ma chi è così semplice?
"Semplice" significa guardare le cose come sono adesso, senza giudicare, senza pensare alla propria storia. Quando la psicologia dà importanza agli episodi della vita per spiegare i problemi del paziente, diventa una psicologia delle cause ed è lontana miliardi di chilometri dall'essenza, dal principio originario di colui che vorrebbe curare.

Uno psicoterapeuta che spiega la sofferenza del paziente attraverso una violenza sessuale subita, o la morte di un padre troppo prematuramente scomparso, o qualche altra causa esterna, "storica", non ha compreso praticamente nulla dell'anima del suo paziente e ancor meno dello Sconosciuto che lo abita. L'anima vive in un mondo in cui non ci sono cause, c'è solo l'adesso, l'eterno presente. Scrive Nietzsche:

> Io nego che un fenomeno dell'anima sia causa diretta di un altro fenomeno dell'anima, sebbene così sembri.[4]

Mentre pensi che sei ciò che sei perché i genitori non ti hanno amato abbastanza, o perché sei stato abbandonato dal tuo grande amore, o rimpiangi il passato, non devi dimenticarti che, in quello stesso momento, dentro di te c'è qualcosa che sa produrre tutte le soluzioni, tutte le gioie,

---

[3] *Ibid.*, p. 47.
[4] Santi Lo Giudice, *Friedrich Nietzsche: il corpo e il suo divenire*, Edizioni Riza, Milano 1987, p. 44.

tutte le azioni più utili per te – a patto di non fissare la mente su ciò che è accaduto. Adesso è in azione la tua Immagine Originaria... Adesso!

Ogni volta che incontro qualcuno che mi racconta la sua storia, trovo una scusa per andare via, per non assistere alle masturbazioni mentali con cui spiega di essere com'è perché sono accadute certe cose nella sua vita. Bisogna bandire le spiegazioni: le cose dell'anima detestano che tu spieghi i sentimenti e le emozioni che provi. Le cose dell'anima e soprattutto le Immagini vogliono essere lasciate in pace, non vogliono sentire il nostro commento: poiché è sempre orientato al passato, al ricordo e al rimpianto, è sempre sbagliato.

Le Immagini appartengono a un altro territorio della vita: se non lo comprendiamo, roviniamo tutto. Per questo quando in un sogno si affaccia un'Immagine, oppure quando durante la giornata veniamo sorpresi dai ricordi, dobbiamo sapere che si tratta di "cose" che vengono dall'invisibile. Non vanno trattate come oggetti, non vanno spiegate. E neppure ci deve essere rimpianto.

Che errore credere che le Immagini siano reali!

Il rimpianto è uno dei più potenti nemici dell'anima. Quando ricordiamo qualcuno, quando rivediamo il suo volto dentro di noi, quando vengono a trovarci le immagini di chi non c'è più, la cosa peggiore che possiamo fare è trattare questi ricordi, queste immagini del passato, come se fossero vere, reali.

A Guglielmo, ogni volta che era a letto con la sua compagna, tornava alla mente il suo sofferto amore precedente. "Mentre faccio l'amore con Francesca, chiudo gli occhi e vedo il volto di Giancarla, il mio grande amore, la donna della mia vita." Che cosa aveva fatto naufragare quel rapporto così intenso? "La mia gelosia" risponde Guglielmo. "La tormentavo continuamente, era diventata un'ossessione. La seguivo ovunque, la tempestavo di domande, non facevo più vivere né lei né me." Guglielmo, che per la nuova compagna non prova più quegli attacchi di gelosia ossessivi, ritiene che il volto della sua ex arrivasse nell'intimità per fargli comprendere che era ancora innamorato di lei. Si sbagliava!

A volte la sua ex arrivava anche nei sogni, altre volte irrompeva nei suoi pensieri. Insomma, un'immagine forte di una donna che non c'era più nella sua vita. Perché vengono a trovarci i volti delle donne o degli uomini che abbiamo amato? Vogliono dirci che siamo ancora legati a loro?

Le Immagini appartengono a un'altra dimensione dell'anima: bisogna saperlo altrimenti si commettono errori clamorosi, che possono farci prendere decisioni sbagliate o rendere difficile la relazione con chi abbiamo accanto.

E se il volto della ex di Guglielmo fosse in realtà l'immagine di un elemento femminile, di una dea, di una donna che abita l'inconscio di Guglielmo? E se questa donna, comparendo mentre lui fa l'amore, stesse semplicemente distogliendolo dalla gelosia verso la nuova compagna? Come se dentro Guglielmo ci fosse un'Immagine provvidenziale, una donna che lo cura e, riempiendogli gli occhi con il volto della sua ex, lo distoglie dal riversare la sua gelosia anche sul suo nuovo amore, distruggendolo. "Tutti i miei rapporti sono finiti per la mia gelosia, questo volta no, perché penso a Giancarla." Eppure il suo nuovo amore lo attrae tantissimo.

Dentro di noi le Immagini ci proteggono, ci curano, a patto di non trattarle come aspetti reali. E arrivano al momento opportuno. Il volto di Giancarla in realtà è quello della "donna della provvidenza" che sta curando la gelosia ossessiva di Guglielmo. Questa dama prende le sembianze della sua ex per distoglierlo dal ricreare il problema nella sua nuova relazione. L'anima ci cura a modo suo...

La donna interiore ti salva la vita

Sentite che cosa mi scrive Giacomo:

Ho trentacinque anni e da circa venti vivo nel ricordo del mio primo amore, vissuto da ragazzo e che, di tanto in tanto, riappare nei miei sogni. Al risveglio avverto un'energia misteriosa che mi dona una sensazione di benessere. Forse Eros mi invia un messaggio per ricordarmi che mi sono fatto sfuggire l'occasione più importante della mia vita e che nessun'altra donna potrà donarmi la magia di quell'energia che non riesco a definire a parole. Tutto iniziò all'età di quindici anni: lei era bionda, carina, aveva la mia età. Io ero molto corteggiato dalle ragazze, diviso tra la voglia di crescere in fretta e l'amore per lei che a volte trascuravo, tradendola. La storia continuò per un anno, poi fui vittima di un terribile incidente da cui mi salvai per miracolo. Lei soffrì molto e in seguito ci lasciammo. Oggi mi chiedo se la donna del mio destino non sia perduta per sempre: cosa mi resta da fare? Cercare altrove o sperare che lei ritorni?

Cosa significa quando una donna che abbiamo amato tanto compare nei nostri sogni?

Molti pensano, sbagliando, come del resto sta facendo anche Giacomo, che il sogno voglia dirci che abbiamo perso l'occasione più importante della nostra vita e che nessun altro essere al mondo potrà mai sostituirla.

Si sbagliano!

E siccome sbagliano vanno alla ricerca di quella donna perduta e, magari dopo anni, ci ritornano insieme, ma puntualmente ne rimangono delusi. Ciò che riguarda i sogni appartiene a un'Immagine misteriosa che non ha niente a che vedere con quello che è in realtà.

Il sogno, Giacomo, non ti sta dicendo che hai sbagliato a lasciarla e neppure che hai perso l'occasione della tua vita.

Quell'Immagine che ti compare nel sogno, in realtà, appartiene al regno del Senza Tempo, a quel luogo in cui vive l'essenza di ognuno di noi che parla soprattutto per immagini.

Forse lei ti sta semplicemente dicendo che c'è una donna che si sta prendendo cura di te, non una donna della vita reale, ma la tua donna, la tua provvidenza.

Certo, ognuno di noi possiede un'Immagine protettrice, che compare nei sogni per ricordarci che la vita interiore è molto più importante della realtà esteriore.

Per potersi esprimere e per essere visibile ai tuoi occhi e alla tua coscienza, questa energia misteriosa assume il volto di una donna che hai amato, ma non ha niente a che vedere con lei in persona. Non è la donna della realtà che sta venendo in sogno, ma la tua donna che ti sta cercando, che vuole vivere al tuo fianco e che ti sta indicando che tu vai bene così come sei, che non devi avere rimpianti, che la tua vita va bene così com'è e che lei si sta prendendo cura di te. Come si è presa cura di te quando ti salvò miracolosamente da quell'incidente.

La sensazione di benessere che provi al risveglio dal sogno sta a indicare che questa tua donna è contenta di te e della vita che fai e che le fai fare; esattamente il contrario di quello che pensi tu, che rimpiangi una donna del passato da cui ti sei allontanato. Ed è proprio questa donna misteriosa che probabilmente ti sta preparando all'incontro con un nuovo amore, per cui forse sentirai un'affinità che non hai mai provato: l'anima gemella. E forse questo non ti è già accaduto perché il tuo sguardo è ancora prigioniero di un fantasma del passato. Quindi goditi il benessere che arriva da questi sogni e aspetta… La tua "donna della provvidenza" provvederà a regalarti l'amore che stai aspettando. Se non trattiamo le Immagini come eventi reali, se evitiamo i rimpianti, allora le Immagini di donne che vengono a trovarci e ci curano ci portano verso il nostro destino.

Le Immagini sono sempre e solo cosmiche: per questo un volto di donna che compare nella nostra interiorità non è mai il volto di quella persona che abbiamo conosciuto, incontrato, frequentato. Non è mai reale. Ha l'autenticità dell'infinito, viene dallo "stato primordiale" della nostra anima, come direbbe Guénon. Mentre la mente ordinaria, che è quella che ci causa tanti malanni e tanti disturbi, crede (come fa Giacomo) che la donna del sogno sia proprio lei, quella che ha conosciuto e amato, la mente del saggio sa che la donna che le appare è il femminile di tutto l'universo che si sta manifestando.

Allarga lo sguardo e la vita diventa una magia

Nella visione ampia, che non tratta le Immagini come segni, ma come scia dell'infinito e dell'eterno, si apre la porta della saggezza. Scrive ancora Guénon:

> Si misura qui tutta la distanza che separa la conoscenza trascendente del saggio dal sapere ordinario e profano.[5]

Questo "sguardo allargato" che caratterizza la contemplazione del saggio, trasforma un universo arido, dominato dagli oggetti, in un panorama infinito. Se il volto di una donna che viene a trovarmi diventa il riflesso di una forza primordiale, quindi di una dea, allora ognuno di noi è calato in un mondo di fiaba, di magia, dove le cose non sono più come appaiono e basta. Un volto diviene la sembianza di "un'energia sconosciuta" e sta svolgendo una funzione misteriosa e per me terapeutica.

Il nostro Io perde la bussola e crede che dobbiamo rivivere un amore perduto. Invece quell'Immagine viene avanti per ricordarci il nostro lato nascosto, eterno e ci spinge a rivolgerci alla nostra essenza dalla quale, anche se non ce ne accorgiamo, non ci siamo mai allontanati. Insomma è scesa in campo la nostra dea; a noi tocca accoglierla dentro di noi e lasciarla lavorare in pace. Così ha fatto Guglielmo, che in questo modo ha visto svanire la sua gelosia.

L'Immagine è sempre misteriosa, anche se assume le sembianze di qualcuno che conosciamo. Più diamo spazio agli dei che ci abitano, più siamo vicini all'essenza, più diventiamo saggi. È se stesso chi scopre, giorno dopo giorno, di poggiare su Immagini sconosciute, che magari gli appaiono con volti conosciuti, ma che alludono all'eterno che ci abita, all'infinito.

Trattare le Immagini come i sogni, farsi guidare da loro, significa diventare sconosciuti a se stessi e quindi sempre più vicini all'essenza. Ne beneficerà il nostro volto. Di una persona si può dire che è se stessa quando i suoi lineamenti, le

---

[5] R. Guénon, *op. cit.*, p. 47.

espressioni del suo viso corrispondono al suo carattere, al suo stile. Afferma Lavater:

> Come i lineamenti del viso ne determinano l'espressione più di ogni altra cosa e questa espressione indica le inclinazioni naturali, quando essa non è forzata, si vede che i lineamenti, considerati nella loro naturale condizione, servono ugualmente a farci conoscere la natura umana.[6]

Così ciascuno ha il suo volto e ha le sue Immagini. Se stiamo attenti, ci accorgiamo quando una persona è finta, quando è diventata una caricatura. La cosa peggiore che potrebbe capitarci è diventare uomini e donne lontani dal proprio volto, lontani da se stessi. Questo non accade se accogliamo le Immagini che vengono a trovarci, se le trattiamo come intelligenze invisibili che stanno partorendo il nostro vero viso. Questo ci chiedono i sogni, questo ci chiedono le Immagini che prorompono nella nostra coscienza, anche nei momenti più impensabili.

Custodiamole, stanno preparando la nostra vera natura.

---

[6] J.K. Kaspar Lavater, *op. cit.*, p. 20.

8
Lascia le cose esattamente come sono

Cosa vuol dire fidarsi di se stessi? Imparare a lasciare le cose esattamente come sono. Non devo essere io a rimettere le cose a posto: ci deve pensare la mia anima. E allora in che cosa consiste il lavoro su noi stessi? Semplicemente nel rendere sempre più nitida la percezione, l'osservazione degli stati d'animo che proviamo. Il nostro Io non vuole i disagi, cerca subito soluzioni per liberarsene, e così facendo complica maledettamente la questione.

Percepire senza emettere alcun giudizio i pensieri che non ci piacciono, l'ansia, la tristezza è la via maestra per stare bene con se stessi. Non devo dirmi se vado bene o meno: devo imparare a osservare che cosa capita dentro di me. Percepire significa non avere alcuna decisione da prendere. Lasciare un partner, cambiare lavoro, far funzionare un rapporto, non sono cose che dipendono dal nostro Io, dai nostri pensieri, dai nostri ragionamenti o dalle nostre convinzioni.

Fidarsi di sé significa affidarsi a uno Sconosciuto che non pensa, che non capisce i nostri dubbi, le nostre perplessità, le nostre lotte interne. Per questo nel mio lavoro non cerco mai di cambiare le cose, e men che meno di "migliorare" le persone.

Rosella (40 anni) era venuta da me perché non provava più alcun desiderio per suo marito e aveva cominciato a tormentarsi, a pensare che non lo voleva tradire, ma che forse il suo matrimonio era finito, che però avevano un bambino piccolo... Erano tutti i ragionamenti che si fanno di solito in questi casi, ma che non portavano da nessuna parte.

Un disturbo come la frigidità ha sempre un significato molto più ampio di quello che pensiamo, possiede sempre qualcosa di cosmico, di infinito, anche se non ce ne accorgiamo.

Anzi, i fastidi vengono per farci acquisire una visione cosmica, non centrata su una visione unilaterale del problema, come ci spiega bene anche Marco Aurelio quando scrive:

> Tutte le cose sono concatenate fra loro e il loro legame è sacro, e si può ben dire che nessuna sia estranea alle altre e contribuiscono tutte insieme all'ordine stesso del cosmo.[1]

Mentre Rosella pensava che tutta la partita consistesse nel prendere una qualche sofferta decisione, io ritenevo che si dovesse avere cura di quel rifiuto sessuale e che non fosse il caso di interferire.

Avere cura delle cose che non possiamo programmare, dei disagi che vengono da territori sconosciuti è prendersi cura di sé... La mia anima mi manda la frigidità: chissà cosa vuole da me?

Questo ho detto a Rosella. Siccome l'anima vive nel buio, nel regno della notte, al di fuori della mia conoscenza delle cose e della vita, occorre fare una sola cosa: percepire, ascoltare, osservare il disagio quando arriva. La frigidità non ti sta dicendo né di separarti, né di stare con tuo marito. Sta semplicemente esprimendo uno stato energetico, che come tale non è né negativo né positivo. "È" e basta. Forse tramite il rifiuto sessuale l'anima, cioè quella forza nascosta e misteriosa che tramuta il seme in pianta, ti sta comunicando cose sconosciute, misteriose, speciali che riguardano la tua unicità. Ogni sintomo è sempre un mistero e parla a ciascuno di noi, riguarda solo ognuno di noi. Per questo

---

[1] Cit. in Jacques Schlanger, *Come vivere felici. Conversazioni con Epicuro, Epitteto e altri amici*, Il Melangolo, Genova 2002, p. 44.

bisogna smettere di raccontarlo e di chiedere consigli agli altri. Ogni disturbo parla solo a te, a te soltanto.

Magari da anni facciamo l'amore in modo meccanico con il nostro partner, oppure recitiamo un ruolo standard. Forse ci siamo dimenticati di tendenze che c'erano e che abbiamo sepolto e che ora vogliono affiorare alla coscienza, essere riconosciute. La frigidità di Rosella poteva significare il desiderio di esprimersi sessualmente in modo diverso, oppure far venire alla luce una donna sconosciuta che Rosella non pensava potesse esistere dentro di lei.

A ogni seduta mi chiedeva che cosa doveva fare, che decisione prendere con suo marito, ma io ignoravo del tutto la sua domanda. La invitavo semplicemente a guardare la frigidità, quando la sentiva arrivare, a prendere atto che c'era e a non disturbarla. Doveva limitarsi a percepirne la presenza, senza giudicarla.

Cari lettori, da queste osservazioni potete capire quanto io detesti tutti i rimedi farmacologici, come il Viagra, che sono dei veri e propri veleni dell'anima. Qualsiasi cosa pensiamo di questa forza che ci abita, dobbiamo immaginarla come un evento naturale, come una scintilla che fa scattare, tra l'altro, il desiderio erotico.

Secondo me, un'erezione senza desiderio, ottenuta a ogni costo semplicemente per rispettare i codici di normalità sessuale, è quanto di più artificiale, una specie di recita dell'amore e del desiderio. Qual è, in sostanza, la differenza tra un vibratore e un pene eretto grazie al Viagra o a protesi e pompette?

Fidarsi di sé è fidarsi anche dell'assenza di desiderio, se arriva… Il mio Sé ha un'Immagine Profonda della mia identità, la coltiva giorno dopo giorno, perché io faccia germogliare la mia pianta, la mia unicità.

L'anima non è mai mia nemica: magari parla un linguaggio primordiale che non riesco a comprendere, magari mi riesce difficile credere che l'impotenza sessuale o la frigidità servano alla mia evoluzione, ma chi fa il mio lavoro e conosce l'anima sa che è proprio così.

Quando l'anima è soddisfatta, si affaccia improvvisa la gioia

Rosella ha cominciato a essere presente alla sua freddezza erotica, proprio come un'osservatrice esterna. Non si è più preoccupata di giudicare se fosse giusta o sbagliata: si è semplicemente limitata a constatarne la presenza. Insomma si è fidata dell'anima e non dei ragionamenti e dei pensieri comuni. La sua amica Laura le aveva ripetuto più volte: "Se non provi niente per tuo marito, vuol dire che è finita". È per questo che non bisogna mai raccontare le proprie difficoltà…

Poi un bel giorno c'è stata una seduta in cui non mi ha minimamente accennato a decisioni da prendere riguardo al suo matrimonio. Si è presentata con un look completamente nuovo, molto curato, senza i soliti jeans. "Sa cosa mi è capitato l'altro ieri? Mio marito si è avvicinato e io provavo fastidio, anzi un fastidio molto forte. Ma, a differenza delle altre volte, mi sono limitata a percepire che cosa accadeva dentro di me, senza reagire, senza dirmi che era sempre la solita solfa. Allora è successa una cosa incredibile: non provavo niente, osservavo e basta e all'improvviso mi è arrivato un attacco di gioia, di felicità senza motivo." Anche quella volta il rapporto con suo marito era stato rapido e sbrigativo, ma Rosella si era sentita felice.

Quando, mentre stiamo osservando una nostra situazione di disagio, ci arrivano lampi di felicità improvvisa, si tratta sempre di un segnale di approvazione dell'anima. L'anima approva il nostro modo di stare con noi stessi regalandoci dei veri e propri "attacchi di felicità". Questo accade solo quando guardiamo i disagi, senza commentarli, senza cercare di sbarazzarcene. La nostra Immagine innata ci sta dicendo che stiamo facendo la cosa giusta. Solo lontano dal pensiero e dal ragionamento siamo nella casa dell'anima e diventiamo davvero "noi stessi".

Apparentemente c'è una contraddizione nella presenza contemporanea di gioia e disagio, ma l'anima non è unilaterale; fa esistere, in chi amplifica la percezione, sentimenti di segno opposto, come è accaduto a Rosella.

Nei giorni successivi ha cominciato a provare nuovi desideri: si è messa a cercare abiti diversi dal solito e a leggere romanzi sentimentali, e ha provato un impulso intenso a toccarsi. Quel rifiuto erotico stava cambiando tutta la sua vita: si trattava di accoglierlo, senza prendere decisioni, senza dirsi niente. "Se non avessi provato quella freddezza, non avrei scoperto quanto erotismo c'era dentro di me." Che donna è nata dalla frigidità nei confronti di suo marito?

Rosella è tornata a lavorare, dopo aver smesso per quattro anni in seguito alla nascita del bambino e ha ripreso ad andare a ballare, cosa che non accadeva più da prima del matrimonio. Non solo non si è separata, ma la sessualità con suo marito è diventata forte e intensa come non lo era mai stata "e spesso sono proprio io a cercarlo". Proprio lei, che riteneva umiliante per una donna cercare un uomo...

Ora per Rosella la sessualità è un rito, così come dovrebbe essere, e non quella routine a cui ci siamo abituati. "Ogni nostra uscita a cena è una magia, mi guardo allo specchio, socchiudo gli occhi, e mi immagino il vestito per la nostra serata. Mi sento come una donna d'altri tempi, mi preparo, mi trucco lentamente. Mio marito non porta più a letto la moglie di prima, ma una donna sconosciuta persino a me stessa." A volte si sorprende delle cose che fa e che dice a letto. La frigidità voleva estrarre questa "dea sconosciuta" e ci è riuscita. Percepire i disagi serve a fidarsi dell'anima, che così può far emergere le personalità che dimorano dentro di noi e che normalmente ignoriamo.

Per questo quando qualcuno viene da me, io mi chiedo una cosa sola: attraverso il disagio, dove lo vuole portare la sua anima?

Al di fuori del nostro Io, c'è un essere misterioso che vuole venire alla luce. La percezione del disagio lo aiuta a emergere e a esprimersi. Dentro Rosella era presente un'altra Immagine di donna, che voleva venire alla luce, e la freddezza erotica era la strada per andarle incontro. Esattamente il contrario di quello che si fa abitualmente, quando si cerca di soffocare i sintomi, che sono una voce del nostro lato cosmico, dove riposano le nostre Immagini innate. Di loro ci si può fidare.

Spontaneità, la prima cura

Naturalmente, da quello che dico si comprenderà quanto io sia contrario alla psicoterapia di coppia specialmente quando si affrontano problematiche sessuali.

Se c'è un rifiuto, una frigidità, un'impotenza, ci si deve limitare a prenderne atto. Nessuna terapia può accendere la scintilla che si è spenta o che non c'è mai stata. Il mio lavoro mi ha insegnato che nessuno ci può aiutare a stare con qualcuno.

Se devo imparare delle "regole", come insegnano alcune tecniche sessuologiche, per riaccendere il desiderio e lavorarci su, finisco per diventare artificiale, finto. La scintilla del desiderio ha bisogno di spontaneità e di nient'altro.

Convincere due persone a restare insieme a tutti i costi è contrario alle leggi naturali dell'anima, e ancor più indurli a recitare il ruolo di amanti secondo lo standard della normalità. Spesso gli psicoterapeuti lo dimenticano, perché a loro volta sono imprigionati da schemi, proiezioni, luoghi comuni. Qualche giorno fa ho sentito alla televisione una psicoterapeuta che diceva: "Io tifo per la coppia unita". La psicoterapia non è un capitolo del libro *Cuore* o una pubblicità del Mulino Bianco. Non facciamo questo lavoro perché la gente si sposi, stia insieme o si separi. La psicoterapia non è un'agenzia matrimoniale, non tifa per nessuna situazione e per nessuna decisione.

Se siamo "normali", come tutti gli altri, allora siamo meno di niente. C'è in noi un'Immagine innata che sa cosa fare, chi farci incontrare e chi no, con chi farci godere e con chi no. La psicoterapia punta a farcela incontrare, a ciascuno la sua.

Quando il desiderio si spegne, l'Immagine innata mi sta parlando con il suo linguaggio primordiale. Se, come Rosella, accolgo la frigidità, posso veder nascere nuovi modi di essere. Se invece la respingo, la combatto, la contrasto, allora finisco per prendere decisioni sbagliate. Nell'assenza di desiderio l'anima sta parlando a me, solo a me. Percepirlo significa aprire la porta alle leggi dell'anima. Bisogna semplicemente percepire il fastidio e aspettare. Allora la magia dell'anima si manifesterà. Forse incontrerò una persona per cui proverò un impulso irresistibile, oppure cambierò quasi senza accorgermene, o ancora mi troverò immerso in nuovi interessi o comincerò a desiderare il mio partner in modo differente.

L'anima sa sempre dove portarci: dobbiamo fidarci di lei e delle immagini che ci manda. Scrive la psicoanalista junghiana Marion Woodman:

> Stabilire un rapporto con le immagini interiori diventa parte naturale del sostentamento della vita, perché l'Io impara a prendere una direzione dall'interno. Fa scoprire che c'è un mondo che ha un suo ordine, un mondo che opera secondo un insieme di leggi ben diverse da quelle del mondo transitorio.[2]

Già, le Immagini. Non c'è forse una parola più abusata nell'ambito della psicologia. Durand, simbolista che conosce le immagini come nessun altro, ci ricorda che la vita dell'uomo moderno è fatta per lo più di immagini diurne, mentre quelle notturne sono state esiliate, e ci avvisa dei pericoli di un'esistenza dove le immagini "che contano" sono svanite. Le immagini più profonde sono anche quelle più misteriose, a volte insondabili, estremamente sottili. Quando uno psicoterapeuta vuole spiegare le immagini, afferma Bachelard, fa una grande sciocchezza.

Il mondo delle immagini non appartiene alla scienza, anzi sta in un luogo opposto e lontano, che non appartiene al tempo e sfugge al nesso di causalità. Bisogna fare attenzione, perché se vogliamo spiegare la comparsa di un'Immagine e collocarla nel tempo e nello spazio, ragionarci su, interpretarla, perdiamo tutto ciò che di prezioso ci può offrire. Non siamo mai più patetici di quando ci sforziamo di spiegare un'Immagine, quando ragioniamo su un sogno, soprattutto quando cerchiamo di collocarlo nelle scene del reale, nel mondo della logica. Per cogliere pienamente i misteri dell'anima, scrive il filosofo Thomas Moore "è neces-

---

[2] Marion Woodman, *Puoi volare, farfalla*, Red, Como 2004, p. 123.

sario allontanarsi dagli schemi di pensiero logici, letterali, normali, ragionevoli e lineari".[3] L'anima è sottile, impercettibile, irrazionale.

Mentre sto vivendo, vicino a me c'è qualcosa che non vedo, che sfugge alla mia percezione dello spazio e del tempo ed è estraneo al mio modo di ragionare. L'invisibile c'è, ma non può essere cercato con i dettami e le regole della razionalità, del mondo visibile. Vale a dire che le immagini non fanno parte del mondo esteriore, non funzionano con la sua logica, e quindi sono inspiegabili. Chi va da uno psicoterapeuta o da uno psicoanalista per correggere uno "stile" che non gli piace commette un errore gravissimo! "Dottore, ho un carattere troppo impetuoso, perdo troppo spesso la testa", oppure: "Sono troppo avaro...": tutte le volte che definisco uno "stile" e cerco di correggerlo in qualche modo mi allontano dall'Immagine Originaria. Peggio ancora è cercare di eliminare i sintomi che ci disturbano, come voleva fare Rosella.

Le religioni hanno causato il danno peggiore all'anima: Jung affermava che la psicologia, la psicoanalisi e la psichiatria sono nate perché l'anima era stanca di confessare tutti i peccati che commetteva. L'anima voleva conoscere la gelosia, l'invidia, la rabbia e non voleva essere colpevolizzata o assolta come facevano le religioni. L'anima voleva che nascesse una figura capace di esplorare le Immagini e di scoprire che i nostri demoni hanno qualcosa da dirci e che anche in loro c'è uno "stile" da non lasciarsi sfuggire. Noi ci ammaliamo perché dimentichiamo la nostra immagine antica, e con lei il nostro "stile". Ci ricorda Marsilio Ficino:

> Chiunque troverà la sua stella o il suo demone opererà con buona fortuna e vivrà felicemente, altrimenti sperimenterà una fortuna avversa e sentirà il cielo nemico.[4]

---

[3] Thomas Moore, *I pianeti interiori. La psicologia astrologica di Marsilio Ficino*, Moretti & Vitali, Bergamo 2009, p. 123.
[4] *Ibid.*, p. 124.

Quell'Immagine di noi che non viviamo, a cui non lasciamo spazio, assume sembianze di malattia: una crisi di panico, vertigini improvvise, un attacco di ipertensione o di colite... Serve qualcuno che abbia la pazienza di ascoltare le Immagini.

L'imprevisto deve trovar spazio nella tua vita

Martin Buber scrive che il chassidismo ha avuto tra i suoi artefici i più grandi conoscitori della vita, dell'anima e della natura. Forse i più grandi psicologi appartengono proprio a questa grande corrente del pensiero ebraico. Sostengono che anche se stai soffrendo e le cose della vita vanno male, c'è qualcosa che sa sempre dove portarti, che sa cosa fare e come curarti, come succede a Rosella che nella freddezza erotica percepisce lampi di gioia.

Non è per forza qualcosa che deve comparire sulla scena terapeutica: spesso le Immagini non compaiono, ma restano invisibili come le radici. È importante semmai che capitino cose differenti da quelle che capitavano in precedenza. Non è neanche fondamentale che il disturbo scompaia subito, ma è più importante che avvengano incontri inattesi e si presentino nuovi modi di essere.

Adesso, mentre stai male, ti stanno accadendo cose impreviste, diverse dal solito? Se è così è un ottimo segnale... Il chassidismo ritiene che non ci sia null'altro all'infuori di quello che sta accadendo adesso, che i racconti del passato e ciò che avverrà in futuro non esistono, perché l'anima non conosce il tempo. Anche Marco Aurelio la pensava così e scriveva:

> Ti preoccuperai di vivere solo il tempo che stai vivendo, e cioè il presente: e potrai vivere con serenità e in perfetta armonia con il tuo demone.[5]

Una tecnica da utilizzare quando una persona descrive un disturbo è quella di farle chiudere gli occhi e di immaginare che ciò di cui parla sia avvenuto molti anni pri-

---

[5] Cit. in J. Schlanger, *op. cit.*, p. 178.

ma oppure di personificarlo come se fosse una donna o un uomo di un altro tempo. Se la nostra Immagine va indietro nel tempo i disturbi cambiano, infatti quando guardiamo i disagi da una distanza diversa assumono sembianze differenti, meno distruttive.

Quando io immagino una donna di molto tempo fa, che lava a una fonte, sto rievocando qualcosa di archetipico, o per meglio dire, compare la donna di tutte le donne che abita dentro di noi. Paola mi scrive:

> *Provando a fare l'esercizio che Lei mi ha suggerito, mi sono resa conto che il modello di perfezione impostomi dai miei genitori non è altro che la mia morte. Una mattina sono andata a cercare sul vocabolario la parola perfezione scoprendo che 'perfetto' vuol dire "portare alla fine, alla morte".*

A volte le immagini scendono in campo e diventano una rivelazione, richiamando un flusso di altre immagini.

> *È stato fondamentale rivendicare la mia essenza lasciando il lavoro che non mi è mai appartenuto nell'azienda di famiglia. È stata una scelta coraggiosa ed è venuta da sola. Facendo così sento che mi sto avvicinando al mio progetto originario. Penso tutto questo perché il dolore alla cervicale e allo stomaco che mi attanagliavano quando lavoravo si sono dissolti. Il mal di stomaco in particolare voleva farmi capire che era ora di cambiare rotta e lo faceva attraverso quei dolori lancinanti.*

La riflessione più significativa di tutta l'opera junghiana è legata alla sincronicità: mentre ci accade qualcosa, ad esempio si manifesta un disagio, si deve andare a guardare che cosa accade dentro e attorno a noi.

Per Jung diventa importante chi incontriamo, quali animali vediamo, così come ciò che appare sulla scena della nostra coscienza.

Scrive a questo proposito:

Sincronicità significa la simultaneità di un certo stato psichico con uno o più eventi esterni che paiono significativi.[6]

Perciò quando c'è un miglioramento, come nel caso di Paola, devono succedere cose che vanno nella stessa direzione. Infatti a lei è avvenuto di incontrare un nuovo uomo, con il quale si è accesa una passione che non aveva mai sperimentato prima.

Più di qualsiasi altro elemento dell'anima, le Immagini sono capaci di produrre effetti pratici nella nostra vita: non soltanto scompaiono i disturbi, ma avvengono incontri nuovi e inaspettati. Anzi, c'è da preoccuparsi se un disturbo se ne va senza che nella vita di relazione del paziente accadano altre cose, sia dello stesso segno sia di segno opposto, perché la vita non è altro che un'eterna altalena di opposti. C'è da preoccuparsi di una felicità che compare senza che si affaccino sentimenti di tipo opposto. Io credo che nelle scuole ai ragazzi si dovrebbe insegnare in primo luogo che la felicità non è un'allegria perpetua, ma la coesistenza di stati d'animo differenti: ciò che il chassidismo chiama "far piangere il riso e far ridere il pianto".

In questo i bambini sono maestri, perché sono gli unici esseri del cosmo che usano il cervello proprio come va usato: sanno piangere disperatamente per tre minuti, e trenta secondi dopo ridere a crepapelle. I dolori dell'anima durano dentro di noi perché interferiamo negli avvenimenti con il pensiero, non accogliamo mai le cose per come sono ma cerchiamo di trasformarle, capirle e addomesticarle. In questo modo prolunghiamo le sofferenze.

---

[6] Carl Gustav Jung, *Sincronicità: 1952*, Bollati Boringhieri, Torino 1983, p. 39.

9
I sogni sanno molte più cose di noi

Alcuni disturbi mi appassionano, mi attraggono, mi chiamano: con loro mi sento a casa. Per me è facile convivere con l'ansia, il panico, le paure, le ossessioni. Anzi, in loro presenza mi sento tranquillo: quando un paziente manifesta questi disagi so subito che strada bisogna percorrere. In fondo il mio lavoro è quello di un artigiano della psiche.

Capisco Rushdie, l'autore dei *Versetti satanici*, quando dice che si sente come un "falegname" della scrittura: quando la moglie lo lascia, tutti si chiedono come potrà consegnare il manoscritto dell'ultimo libro, tanto è il dolore che prova. Ma Rushdie non riuscirebbe mai a immaginare un falegname che non consegna un tavolo per problemi d'amore. Naturalmente ce la fa.

Il mio lavoro con le forze psichiche è simile: le guardo diventare disturbi, disagi, ossessioni e come un contadino taglio i rami secchi, cerco di vedere il fiore che c'è in chi soffre, il germoglio nascosto dalle erbacce. Scrive il filosofo Thomas Moore:

> I migliori psicoterapeuti sono quelle rare persone che hanno il semplice buon senso del contadino ... oltre al pensiero acuto hanno il talento di vedere i semplici, ma estremamente sottili segni dello spirito nel suo progredire.[1]

---
[1] Th. Moore, *op. cit.*, p. 191.

Io mi fido solo dei germogli nascosti nei miei pazienti, di quello che non si vede in superficie, insomma della loro Immagine innata. Con certi disturbi mi sento veramente a mio agio, li conosco, so dove mettere le mani, come fa un falegname con la pialla. Rispetto ad anni fa, oggi convivo bene anche con le depressioni. Poiché temo sempre meno la morte, l'annientamento (almeno fino a oggi), la morte, l'annientamento, sto bene anche precipitando nell'abisso del nulla, e i miei pazienti depressi lo avvertono. Sto bene anche immerso nella loro tristezza: un tempo non ci avrei creduto.

Ci sono disturbi in cui invece non mi trovo a mio agio, non li sento vicini al mio "artigianato". Per ogni operatore della psiche è così.

Uno di questi è l'anoressia: una malattia che ho quasi sempre evitato di incontrare lungo il mio cammino. Ma Giulia è stata così insistente, così determinata, così decisa a voler venire da me, che non ho potuto sottrarmi. Mi ha visto in tv e le mie parole l'avevano colpita, voleva venire proprio da me, solo da me, nonostante la mia segretaria le avesse detto che non poteva prendere nuovi appuntamenti.

Spesso la maggioranza delle persone che si ostina ad andare da uno "psichiatra televisivo" lo fa perché si sente speciale (speciale nell'apparenza) e cerca uno che "appare" molto, come appunto un "personaggio" del piccolo schermo. Per questo evito quasi tutti quelli che mi cercano per le mie apparizioni televisive.

Ma Giulia, che peraltro non parlava mai al telefono, aveva deciso: è arrivata a farmi telefonare da miei conoscenti, da miei amici, fino a che è arrivata da me. I primi messaggi via SMS: "Posso venire a trovarla?". Poi solo qualche parola al telefono per fissare il primo incontro. Mi dice che non può venire senza la sua cagnetta, appena adottata dal canile: "Si sentirebbe nuovamente abbandonata". E così ci siamo trovati al mio tavolo... Io, Giulia e Asia, che se ne stava sdraiata, immobile, silenziosa.

Voglio restare anoressica!

So che a 34 chili rischio di morire, ma io non voglio ricoverarmi, non voglio guarire. Voglio restare anoressica, con il mio vomito, con il mio modo di mangiare, con i miei dieci gatti in casa, oltre ad Asia, con il mio lavoro, che mi piace tanto.

Non vi dico la reazione di Giulia quando le ho detto che con tutta la fatica che aveva fatto in questi anni per diventare anoressica sarebbe stata una vera pazzia mandare via questo disturbo. Davvero una pazzia!

Io ragiono così: in ogni sintomo che ci viene a trovare si sta manifestando una forza dell'universo, che si sente appagata solo se le diamo spazio, se la accogliamo, se la "custodiamo". In un mal di testa cronico, in un attacco di panico, in un'ansia persistente, in una depressione si stanno manifestando delle forze cosmiche: vogliono vivere con noi, al nostro fianco, vogliono prendersi carico di noi, stravolgere la nostra visione del mondo. "Il particolare" scrive Goethe "è l'universale che appare in condizioni diverse."[2] I disturbi forse sono dei vampiri, oppure sono strade aperte verso l'infinito, verso gli dei e le loro leggi, che non sono quelle banali del nostro modo di ragionare.

Così ho detto a Giulia che l'anoressia doveva essere considerata un bene prezioso, qualcosa che la caratterizzava, qualcosa di speciale che la abitava e che valeva la pena di indagare, di conoscere, per vedere dove voleva portarla. Al nostro primo incontro le ho detto che in tutta la storia dell'universo il digiuno ostinato, sino all'anoressia, aveva un significato religioso: digiunando, le sante, le mistiche incontravano l'estasi, il sacro, il divino. Così era stato sin dalla notte dei tempi... Ma se fosse morta non avrebbe potuto conoscere il destino che l'anoressia aveva preparato per lei. Nei giorni successivi Giulia ha cercato su Internet tutte le informazioni sul rapporto tra anoressia e religione: il suo cammino era iniziato.

---

[2] J.W. Goethe, *op. cit.*, p. 118.

Uscire dallo schema "ingrasso/dimagrisco", non avere la mente concentrata sul problema che ci disturba è la cosa più importante per far scattare le risorse terapeutiche dell'anima. Così, la ricerca del senso antico e religioso dell'anoressia ha portato Giulia a sentirsi vicina a donne di altri tempi, di altri mondi.

Mi sono chiesto perché una donna anoressica avesse tanto insistito per venire da me. Perché mai Giulia era venuta da me, perché l'anima anoressica voleva venire a trovarmi, a visitarmi, che cosa avevo io di così speciale per lei? Proprio un disturbo di cui non mi sono quasi mai voluto occupare mi chiamava... Non sapevo dove mettere le mani: ma da buon contadino dell'anima cercavo il suo germoglio, il suo rizoma, le sue radici: insomma, la sua natura.

Nessuna anoressica assomiglia a un'altra: nel nostro lavoro di medici, psicoterapeuti, psichiatri, psicologi finiamo quasi sempre per identificare la malattia e non il malato. Così pensiamo che ci debba essere una psicoterapia dell'anoressia, come se Giulia non fosse un mondo, ma solo una bocca che digiuna e vomita, un disagio da curare.

Mentre procedeva nella sua ricerca su Internet, che la occupava sempre di più, Giulia continuava a vivere tra il suo lavoro, i suoi gatti, Asia e qualche occasionale fidanzato. Senza accorgersene è arrivata a pesare 37 chili. Aveva compreso da sola che per conoscere l'anima anoressica si doveva arrivare a condizioni corporee che non compromettessero la vita. Senza ricoveri, senza farmaci, senza niente.

Per la verità, Giulia è venuta da me poche volte e non si è quasi mai parlato del suo peso. Ha preso parte anche ai gruppi, forse tre o quattro incontri, sempre accompagnata da Asia. Attraverso i nostri disturbi l'anima sta attivando un mistero, apre le porte a un altro modo di vedere il mondo. Apre le porte alla magia, alla fiaba, all'imprevisto, all'invisibile, alle immagini sconosciute che ci abitano. Sapevo che con Giulia sarebbe capitato qualcosa di magico...

È accaduto proprio così.

Dobbiamo diventare contadini dell'anima

Come sempre, quando cambia l'atteggiamento mentale, quando guardiamo le cose in modo diverso, quando i nostri occhi non sono attenti solo al disagio (in questo caso l'osservazione del peso) l'anima comincia a trasformare il disturbo in un frutto da raccogliere.

Come contadino dell'anima mi domando spesso: che frutto raccoglierà il mio paziente dal suo travaglio? Ma perché i frutti possano essere raccolti, la cura principale è distogliere lo sguardo dal disturbo, abbandonarsi e lasciare che sia il nostro progetto originario a scendere in campo e a fare la sua parte. Ci si accorge di ciò dal fatto che non soltanto stiamo meglio, ma che accadono contemporaneamente fenomeni inaspettati, imprevisti, sia sul piano fisico sia nel mondo che ci circonda, nella realtà.

Il peso di Giulia risale spontaneamente prima a 37, poi a 38 chili e all'improvviso, dopo anni, tornano le mestruazioni. Nello stesso periodo conosce un uomo che la attrae tantissimo e con il quale inizia una relazione appassionata, con un intenso coinvolgimento erotico. Dopo due o tre mesi Giulia rimane incinta. Forse l'anima anoressica voleva un bambino tutto suo...

Quanto mistero c'è nelle cose che ci sorprendono: chi l'avrebbe detto al nostro primo incontro che Giulia sarebbe rimasta incinta? Naturalmente, ciò che sorprende più di tutto il nostro Io sono le cose che capitano senza il suo controllo, senza i suoi ragionamenti. Che "doccia fredda" deve essere stata per Giulia la gravidanza non cercata, non desiderata, non voluta! Infatti decide di abortire e prende l'appuntamento con l'ospedale. Tutti quelli intorno a lei condividono la decisione: la mamma, le amiche, e anche il suo ragazzo. "A me piaci supermagra" le dice. Prendo atto della sua decisione, e non commento. "Anche mia madre è d'accordo. Mi ha detto: 'Come fai, se non sai badare neanche a te stessa, a occuparti di un bambino?'" Giulia sente la gravidanza come una minaccia alla sua immagine corporea: "L'idea di ingrassare mi sconvolge".

Non commento. Come sempre non do consigli: anche se dentro di me avevo la percezione che "l'anima anoressica" di Giulia volesse una bambina, magari a "modo suo", nel suo mondo fatto di gatti, di Asia, di un lavoro intelligente che le piaceva tantissimo. Mi immaginavo che Giulia fosse gravida di una bambina: era una sensazione che mi veniva da chissà dove. Non ho niente da dire sull'aborto, non ho un atteggiamento mentale pregiudiziale. Ma nel suo caso percepivo che qualcosa più forte di lei voleva una gravidanza. Percepire però non significa interferire, come ha fatto una collega con una mia paziente cui ha sconsigliato di abortire, col risultato di riempirla di sensi di colpa dopo che l'ha fatto.

Ciò che rende unici gli psicoterapeuti è la loro capacità di percepire l'inconscio, non di spiegarlo. Di vedere oltre, non di dare giudizi. Scrive William Blake:

> Se le porte della percezione fossero purificate, ogni cosa apparirebbe all'uomo com'è, infinita, perché l'uomo si è rinchiuso fino a vedere le cose attraverso le strette fessure della sua caverna. L'uomo che non muta mai la sua opinione è come acqua stagnante e alleva rettili della mente.[3]

E così ho fatto, non ho espresso alcun parere sull'aborto. Tanto se l'anima vuol farti cambiare direzione in qualche modo te lo dice, in un modo o nell'altro te lo fa sapere. Per questo ci vogliono gli occhi giusti, aperti. Se il terapeuta vede, allora anche chi sta male può vedere e diventa capace di lasciare spazio al suo sapere innato, che non sbaglia mai.

Serve uno sguardo nuovo, questo è il segreto

L'anoressia non è un disturbo ma una sfida con la materia, capace di portare persino alla morte.

Uno psichiatra è un indagatore dell'anima, un detective che va alla ricerca del mistero nascosto, dell'invisibile trama che sta sotto il disagio. Se è un vero psicoterapeuta ha uno sguardo particolare, come quello descritto da Gianrico Carofiglio:

---

[3] M. Woodman, *op. cit.*, p. 21.

Questo sguardo dell'eroe [il detective] su un mondo che è al tempo stesso ordinario e straniero, noto e misterioso, è esattamente lo sguardo dello scrittore sul mondo e sulla materia delle sue narrazioni. Il vero viaggio di scoperta, scriveva Proust, non consiste nel visitare posti nuovi, ma nell'avere occhi nuovi.[4]

Percepire senza formulare opinioni, pareri o commenti: questa è l'essenza della psicoterapia.

Sapevo che l'anima anoressica voleva una bambina e mi chiedevo perché mai non fosse intervenuta a distogliere Giulia dall'aborto. L'appuntamento con l'ospedale era per il mattino alle nove. La notte precedente Giulia fa un sogno. "Mi sono vista su un letto: avevo appena partorito. Sul mio corpo era appoggiata una bambina appena nata. Eravamo sporche, sudate e bagnate. La piccola succhiava il latte dal mio seno: provavo fastidio, ribrezzo, schifo. La piccola parla. Mi dice: 'Tu hai bisogno di me, non puoi stare senza di me'." Giulia si sveglia, chiama l'ospedale e decide di non abortire.

Oggi quella bambina si chiama Sofia, il nome che le ha scelto Giulia. Per tutta la gravidanza ho rivisto Giulia una sola volta, quando mi ha chiesto di indicarle un dietologo per non ingrassare in gravidanza. Sofia vuol dire "sapienza", "saggezza": quanta saggezza c'è nei sogni, nella vita, nella natura, nell'universo! Ha ragione Marie-Luise von Franz quando scrive:

> All'origine del sogno esiste un mistero creativo impossibile da decifrare razionalmente. Si tratta della creatività della natura, la medesima creatività che ha generato ciò che l'uomo non sarà mai in grado di inventare: le migliaia di specie di animali, di fiori e di piante della Terra. I sogni sono proprio come i fiori e le piante. Sono esperienze uniche, delle quali possiamo soltanto meravigliarci.[5]

---

[4] Gianrico Carofiglio, *Indagine sulla parola*, in "Corriere della Sera", 13 settembre 2009, p. 32.
[5] Marie-Louise von Franz, *Il mondo dei sogni*, Red, Novara 2003, p. 79.

Conclusioni
Perché faccio questo lavoro

Faccio questo lavoro perché la magia è sempre tra le cose che facciamo, anche se non la vediamo. Nella magia le persone, gli oggetti, gli eventi sono collegati tra loro da fili sotterranei, invisibili, perché la nostra essenza è invisibile, così come la trama dell'universo vive nascosta tra le cose.

Francesca mi sogna, dopo notti e giorni di cefalea senza sosta e dopo aver consultato neurologi e medici senza alcun risultato. Nel sogno le dico: "Ma tu che hai cantato per tanti anni, perché non riprendi a farlo?".

Chissà cosa c'entra con il mal di testa quel sogno, dove le consiglio di rimettersi a cantare.

Nel sogno il mio volto parlava a Francesca e le diceva: "Perché non riprendi a cantare?". Io le davo un consiglio per la sua anima e per il suo destino...

Nei giorni precedenti, durante gli attacchi di emicrania, Francesca camminava sola e si domandava che cosa le sarebbe piaciuto fare, ma non trovava risposte. Allora socchiudeva gli occhi e ripeteva un esercizio che consiglio spesso negli incontri di gruppo del giovedì. Consiste nel visualizzare la propria immagine da ragazzi e notare le cose che ci venivano facili a quel tempo. Le immagini che ci sono familiari, come quelle di quando eravamo bambini, sanno dirci più cose di qualsiasi ragionamento.

Ma Francesca non trovava risposte. Si era ricordata però,

di quanto io do importanza alle cose pratiche, manuali, naturali, al mettere le mani nella farina, allo svolgere azioni semplici, come rimedio fondamentale ai disagi dell'anima. Gli dei e le dee ci curano quando siamo presenti alle attività pratiche che stiamo svolgendo, ed è allora che ci guariscono.

Casualmente, il giorno dopo, Francesca ha incontrato un'amica che aveva raccolto una grande quantità di fragole in campagna. Se ne è fatta dare una bella cesta e ha cominciato a fare marmellate. Questo l'ha molto rasserenata, e ha sentito arrivare "stati di pace inaspettati". Così facendo, il mal di testa se n'è andato.

Ma in quegli stessi giorni sentiva arrivare anche profondi "attacchi di tristezza". Così Francesca è tornata a uno dei nostri incontri del giovedì. Le ho chiesto che cosa era successo alla "donna" che conoscevo, tanto da farla cadere in balia di attacchi di cefalea così violenti.

Stiamo male quando perdiamo di vista l'essenza, e l'anima non lo tollera. Non stiamo mai male per qualcuno o per qualcosa: queste sono illusioni. Stiamo male davvero quando rischiamo di perdere noi stessi.

Faccio questo lavoro per liberare il pensiero magico che mi abita e abita ciascuno di noi: la magia sta al lato opposto dei ragionamenti, della scienza.

Quando qualcuno viene da me mi chiedo in quale anfratto della sua anima si è rifugiata, si è nascosta la sua Immagine, la sua impronta, la sua originalità e quindi la sua magia. Subito mi viene incontro la mentalità comune, il vero nemico dell'anima. I miei maestri mi hanno insegnato che se ragioni come tutti gli altri, che se accetti il pensiero del branco, allora non sei niente e ti ammali. Così con Francesca mi sono domandato, e le ho domandato, dove fosse finita quella donna-dea che aveva scacciato l'ansia, il panico, la tachicardia, che la costringevano qualche anno fa a ricoverarsi quasi tutti i giorni.

La Francesca che ho conosciuto all'inizio dei nostri primi incontri, qualche anno fa, infatti era una donna spenta, esclusivamente presa dal suo lavoro, senza interessi. Panico, tachicardia e ansia erano diventati assillanti: ne è uscita cambiando mentalità. Chi l'avrebbe detto che quella donna un giorno avrebbe riempito il mio telefonino di SMS con le parole di Lao Tze, di fiabe, di frasi di autori che fino ad allora non si era mai sognata di leggere?

Quando è arrivata quella terribile cefalea, quando ha ripreso a stare male, da tempo non mi arrivavano più i messaggini misteriosi che prendeva dai libri, e che erano diventati la sua passione. Dopo la sua prima guarigione non era più soltanto la persona rispettabile, ma era diventata una donna misteriosa, magica, sempre alla ricerca di cose sconosciute. Era guarita perché la sua dea, la sua Immagine Originaria, era scesa in campo accanto alla donna-manager.

Non dobbiamo cambiare vita, possiamo lasciare le cose come sono. È inutile fantasticare una vita migliore: si tratta solo di dare spazio allo sguardo interiore, di fare posto alle Immagini interne. Ci sono sempre, ma non le vediamo perché siamo catturati dallo sguardo esterno, dalla dittatura dei ragionamenti, dalla preoccupazione per il giudizio degli altri, dalle domande inutili, come per esempio quando ci chiediamo se "andiamo bene".

Francesca aveva imparato a osservare i suoi stati d'animo, a non commentarli, a "non dirsi niente". E per questo era guarita. Poi, le vicende della vita l'avevano portata a sentirsi giudicata, a sentire di nuovo il condizionamento della mentalità del suo paese, del suo mondo. Si era persa! La violenta cefalea era venuta per fermare il suo rimuginare su cosa fare per rimettere le cose a posto, per cancellare da se stessa tutto ciò che era accaduto e che non dipendeva da lei.

Nel sogno ho detto a Francesca: "Ti ricordi quando cantavi, vent'anni fa? Perché non riprendi?". Qualcosa voleva dirle che c'era un'altra Francesca, un'altra donna, e che non doveva dimenticarla. "Perché non canti più?"

L'Immagine Originaria di Francesca, "il volto segreto del suo femminile", riemergeva nel sogno, perché se l'avesse perso allora sì sarebbero cominciati i guai. Questo l'ha riportata ai gruppi del giovedì e sono ricominciati gli SMS.

Faccio questo lavoro perché la vita è magica e un sogno può avere corrispondenze con la realtà. Le immagini possono avverarsi, entrare nella realtà e... agire.

Così è accaduto a Francesca. Il giorno dopo avermi sognato ha incontrato casualmente dopo tanti anni il direttore del coro del suo paese, che, come l'ha vista, le ha detto: "Perché non torni a cantare?".

Quanto conta il caso? Anatole France diceva che il caso fa accadere le cose che Dio vuole che accadano, senza mettere la sua firma. Per l'anima non esiste il tempo, e neppure per le immagini e per i sogni. Da vent'anni Francesca non cantava più, ma la coincidenza tra l'immagine del sogno e la realtà rivelava che tutto dentro di noi ha il sapore dell'eterno. Con i sogni l'anima ci cura, con gli incontri inaspettati ci guarisce. La cefalea oggi è passata e Francesca mi ha mandato un altro SMS, dove diceva che dentro di sé aveva visto l'immagine di un volto di donna, a cui aveva deciso di dare un nuovo nome. Dentro di sé Francesca ora ha un altro nome.

Non si ha idea dei risultati terapeutici che si ottengono semplicemente cambiandosi nome. Come Giulio, un mio paziente timido e impacciato che come Michele era un vero "incazzoso" e superava situazioni difficili.

Quando qualcuno mi racconta che è venuto a trovarlo un "sogno di poco conto" io mi esalto, come raramente mi accade. Una volta, per commentare un sogno ai miei studenti di psicoterapia, ne ho parlato per quattro-cinque ore. Anche quello era stato definito un sogno di poco conto.

Sapeste come mi appassiona certe volte il sogno di qualcuno! Entro in un altro tempo, nel mito, nella fiaba, nella leggenda. Mi sento un attore che partecipa, che racconta il sogno, mi coinvolgo, mi sento Ulisse, quando parla ai Feaci.

Posso farlo solo con pochi sogni: questo lavoro sulle immagini oniriche mi stanca molto. Mi strema, eppure mi sento a casa con le immagini eterne della vita, perché questo sono i sogni, o almeno certi sogni dell'anima. Sogni che cambiano un'esistenza... Capisco quando Marie-Luise von Franz racconta nei suoi libri che Jung si stancava tanto, quando "leggeva" i sogni dei suoi pazienti.

Che magia c'è nella tua vita se dopo anni incontri per strada, per caso, il direttore del coro che ti dice perché non torni a cantare? Le immagini del sogno e le cose della vita rivelano la loro affinità, si incontrano, si relazionano tra loro: l'anima è pratica e ci fa incontrare le persone giuste solo al momento giusto. Francesca è guarita perché ha riaperto gli occhi alla magia, senza la quale siamo gente persa nella dittatura del reale, che è il dramma dei nostri tempi, in cui si sono perduti la fantasia, l'immaginazione, il mito. Siamo gente che crede che il mondo sia "tutto qui". Sì, il mondo è tutto qui, ma è contemporaneamente altrove, dove vivono le Immagini eterne dell'anima. Nel banale che viviamo, in realtà riposa l'immenso.

Guardiamo la realtà con una lente di ingrandimento che non ci fa vedere le cose come sono. Questa lente di ingrandimento è il nostro Io che pensa, ragiona, spiega, che vuole capire. Nessun ragionamento, nessun pensiero potrebbe far accadere un sogno e poi fargli trovare una corrispondenza nella realtà, come è accaduto a Francesca. La magia, lo ripeto ancora una volta, sta esattamente all'opposto dei ragionamenti.

Se mi viene in mente Carlo e nello stesso tempo mi volto e lo vedo significa che sono in un'altra dimensione del mio essere, dove le cose sono legate tra loro da un principio sotterraneo, misterioso, estraneo al mio Io, a quello che credo di essere. Forse la magia, cioè il verificarsi di cose che capitano senza il nostro consenso e che pure sono ricche di significato, scorre sempre dentro la nostra vita, senza che ce ne accorgiamo. A volte stiamo male per poterla ritrovare, per essere sorpresi o meravigliati da eventi che ci riguardano e che sono inspiegabili. Questo è accaduto a Francesca.

Quando non pensiamo, siamo una sola cosa con l'universo, proprio come quando sogniamo. Se i nostri occhi non sono offuscati dal continuo ragionare sui problemi, senza saperlo ci troviamo immersi nel Senza Tempo, nel luogo della fiaba che piace così tanto ai bambini, che sono gli unici esseri del cosmo che cercano la magia nelle cose della vita.

Forse il mondo è solo magico, ma la lente di ingrandimento del nostro Io perde di vista l'immenso che abita tutte le cose della realtà. Ci vuole uno sguardo disidentificato, straniero... e allora tutto è possibile.

Secondo il grande cabalista Abulafia vi è un legame sottile tra le cose, gli uomini, le piante, gli animali. Si tratta di spegnere la mente razionale, quella con cui ci relazioniamo al mondo, e... ascoltare, come se potessimo trovare il nostro corrispettivo energetico in ogni forma dell'universo. Così è successo a Francesca, quando ha incontrato il direttore del coro.

Bauer, l'antropologo della foresta, mi consigliava questo esercizio: "Va' in un prato, siediti in un punto in cui ti senti a tuo agio e aspetta. Osserva se ti si avvicina un'ape, una farfalla, un maggiolino... Fa' che la tua mente sia disinteressata e quell'incontro con la natura sarà magico, ti darà pace e tranquillità e ti proteggerà".

Ci vogliono molti anni per comprendere ciò che è semplice: così come l'ape trova il "suo" fiore a chilometri di distanza, come se l'uno chiamasse l'altro, così noi, che siamo all'apice dell'evoluzione, siamo un centro di attrazione di energie sottili, incarnate dai fiori, dagli animali, dagli eventi che ci capitano. Siamo un centro di richiamo, che si attiva quando la mente è tranquilla, disinteressata...

Una lucertola le ha salvato la vita

A Cinzia (55 anni) è successo così di salvarsi la vita: grazie a una lucertola.

Da alcuni anni passava le sue vacanze a Pantelleria e il suo rapporto con la natura era sempre più forte. "Mi sono trovata un giorno in una piccola radura tra le siepi di mirto e di oleandri. C'era una lucertola che mi si è avvicinata... Avevo con me qualche briciola di pane della colazione che mi ero portata. Il piccolo rettile non è fuggito, è stato lì con me, in silenzio. Ha mangiato i piccoli resti della mia colazione senza allontanarsi. Ho allungato lentamente la mano, sino ad accarezzarle il capo." Questo rituale, fuori dal tempo, aveva aperto uno "spazio intimo" tra Cinzia e l'animale. Ogni giorno andava a trovare la sua lucertola, le portava del cibo e se ne stavano lì entrambe in silenzio. La magia è la regola delle affinità tra le cose: contiene significati profondi, misteriosi, inafferrabili...

Sentite un giorno cosa le è successo: "Mi trovavo sullo scoglio insieme ad altre persone, stavo accarezzando le acque cristalline del mare e mi è venuto all'improvviso un desiderio irrefrenabile di andare a trovare la mia piccola amica. Non ci davamo appuntamenti: in genere andavo alla solita ora, dopo la colazione e la trovavo lì, come ad aspettarmi". Questa volta invece erano le due del pomeriggio. Cinzia era con degli amici, la sua ragione resisteva all'impulso che la portava ad allontanarsi dal gruppo per andare dalla sua lucertola. "Ma l'immagine dell'animale era vivida nella mia mente, come se mi chiamasse, mi cercava. Non ho potuto fare a meno di lasciare il gruppo e andare nella piccola radura."

Qualche istante dopo essersi messa in cammino, Cinzia sente un boato tremendo: un motoscafo ha perso il controllo e si è schiantato proprio sullo scoglio dove si trovava quando aveva sentito il "richiamo" della sua piccola amica. Ci sono morti e feriti: Cinzia sarebbe stata la prima a essere colpita, perché si trovava proprio a ridosso dell'acqua, nel punto in cui l'imbarcazione si è schiantata.

Abulafia pensava che la Natura parla a coloro che si mettono in ascolto con lei e si viene a formare un rapporto reciproco, intenso, fatto di segni premonitori, di chiaroveggenza, di percezioni sottili. Come se al di sotto del nostro piccolo Io l'universo fosse una sola cosa, un solo evento. Quando la nostra mente svanisce, diventiamo semplici e naturali, perdiamo l'artificiosità con cui riempiamo la vita di tutti i giorni.

Ogni "oggetto" che incontriamo, ogni fiore, ogni colore, diventa un'immagine dentro di noi e danza nelle fibre del nostro essere: ci protegge, ci chiama, ci affaccia al mistero dell'insondabile e dell'immenso. Si tratta, come dice Serrano, di imparare a raffinare l'ascolto. In una lettera a uno dei grandi maestri dell'Occidente, Carl Gustav Jung, scrive:

> È tutta una questione d'imparare come ascoltare, perché ci sono punti in noi che sanno molto di più di quello che noi pensiamo... Forse, nel momento dell'ascolto, noi riusciamo ad arrivare a quel centro misterioso che, come Lei ha detto, sembra non esistere e sembra essere qualcosa d'inventato da noi, ma che tuttavia attualmente ci circonda e ci domina fino al punto che senza di esso noi non siamo nulla. Senza di esso noi siamo il morto che seppellisce il morto.[1]

Serrano allude al mistero centrale che ci abita, il Sé... Immaginare che dentro la vita che viviamo, al di sotto dei nostri pensieri, vi sia un centro misterioso, il Sé, ci costringe a rivedere tutte le nostre certezze:

> Il Sé, dice Jung, è un cerchio il cui centro è ovunque e la cui circonferenza non è da nessuna parte.[2]

Ma se "il centro è ovunque" noi siamo pronti in ogni momento a incontrare la magia... Occorrono gli occhi di chi vuole esplorare, di chi vuole essere sorpreso a ogni istante.

Se non siamo esploratori, se ognuno di noi non è come Ulisse allora ci aspettano gli psicofarmaci, l'ansia, la depressione o peggio ancora l'aridità. Se ogni giorno non vediamo dei "piccoli miracoli" abbiamo perso la magia e allora siamo davvero perduti, perché la vita non danza più insieme a noi.

Faccio questo lavoro perché mi fa sentire a casa. A volte non ne ho voglia; all'inizio di ogni gruppo ho sempre un po' di inquietudine, come prima di una conferenza. Non so cosa dire... Ma poi mi dico: "Non devi sapere cosa dire... Sentiti estraneo".

Con i miei pazienti sono presente ed estraneo: per forza devo pescare da dentro, dal vuoto, da qualcosa di interiore che sa, e sa sempre molto più di me.

---

[1] Miguel Serrano, *Il cerchio ermetico*, Pentalinea, Prato 2005, p. 113.
[2] *Ibid.*, p. 83.

All'anima non serve diventare più buoni

Faccio questo lavoro perché tutto ciò che capita dentro di me lo rispetto e così rispetto quello che i pazienti chiamano il loro lato peggiore.

Io ho cura del lato peggiore, ammesso che esista, di chi viene da me.

Per questo devo scegliere i miei pazienti. Oggi lo faccio perché posso permettermelo, oggi, quelli che seguo, cercano con me la magia della vita. Per poterlo fare bisogna avere cura del fango come della luce e trattarli entrambi da pari a pari.

Come faccio a sapere se un uomo o una donna sono sulla loro strada? Guardo i disturbi se se ne vanno? No, guardo se capitano loro "cose strane", impreviste... magiche. Come è accaduto a Francesca.

Faccio questo lavoro perché ogni giorno imparo a conoscere meglio le Immagini che mi abitano, perché, osservando le cose senza dirmi niente, mi vengono sempre più spesso idee nuove, che neppure avevo immaginato di concepire.

Così sono sempre in un mondo nuovo.

Io osservo ciò che c'è adesso dentro di me e non ho niente da dirmi: per questo faccio questo lavoro. Non ho commenti da fare di nessun tipo, sui brutti pensieri. Ci sono e basta. Li rispetto come ogni sentimento bello o brutto che sia. Mai ho il progetto di mandarli via e questo lo trasmetto a chi viene da me, che è quasi sempre in balia di qualche modello di perfezione che gli rovina l'esistenza.

Spesso le "cose brutte" che troviamo dentro di noi sono preziose, proprio perché rompono il nostro bisogno di essere perfetti e così diventiamo più umani, più noi stessi.

Faccio questo lavoro perché non correggo più niente di ciò che passa dentro di me, perché non ho più un'idea sul bene e sul male, perché guardo e basta...

Faccio questo lavoro perché adoro, come i bambini e le donne, le sorprese... Quanto amo sentir dire da una persona delle paro-

le che non avevo mai sentito... Sono anche curioso, curioso del nuovo, di ciò che non si può dire, dei segreti.

Faccio questo lavoro perché è la casa dei segreti.

Faccio questo lavoro perché non credo in niente, perché le cose sono come sono e vanno bene come sono.
   Non credo in niente e mi affido al buio, al nulla che mi abita.
   E così non ho più nessuna teoria: per questo dico sempre cose nuove. Non credo in niente perché gli dei sono inafferrabili eppure hanno il sapore dell'eterno.

Faccio questo lavoro perché so che l'universo vive nel banale e così ho due occhi: uno serve a vedere le cose di tutti i giorni e l'altro è come quello dei gatti, amanti del buio, del segreto, della notte.

Faccio questo lavoro perché detesto la routine e ogni seduta mi interessa solo se ci sono cose nuove, altrimenti mi annoio.
   Durante le sedute prendo appunti e, senza ragionarci sopra, trascrivo le cose che mi colpiscono. Non lo faccio sempre, perché questo lavoro a volte ti strema... Così a volte sono distratto e non sento più cosa mi dicono i pazienti.

Faccio questo lavoro perché, quando sento certi racconti, provo ancora meraviglia e sorpresa...
   E ne scrivo nei miei libri per trasmettere a chi li vuole leggere la meraviglia, la sorpresa che provo.

I disturbi sono pietre preziose da custodire

A volte sono proprio Nessuno. E aspetto. Custodisco i disturbi dei miei pazienti come fossero tesori. Chi comprende che la sua ansia va custodita come una pietra preziosa, chi la cerca durante il giorno come una compagna di viaggio, chi la avverte come un'alleata fondamentale, in genere guarisce.

Accogliere i disagi quando si sentono arrivare, cedere, fargli posto è il modo migliore per cambiare identità. È proprio l'identità, cui ci attacchiamo che rinforza i disturbi. L'anima attraverso i disagi ci avvisa che siamo lontani dall'essenza.

Faccio questo lavoro perché adoro il nuovo che arriva: ogni depressione, ogni attacco di panico, ogni ansietà è sempre nuova, non è mai quella del giorno prima.
Se è nuova è inutile spiegarla attraverso la tua storia di bambino mai amato... L'ansia di oggi è nuova e io voglio accoglierla e percepirla, come un sole che sorge per la prima volta dentro di me.
Percepire l'ansia è percepire il nuovo che arriva. Ciò che è imprevedibile, incontrollabile, inspiegabile appartiene al mondo dell'anima. Allora per stare bene bisogna essere segreti, misteriosi, occulti. Nascondersi a se stessi vuol dire essere vicini all'essenziale.
Chi sta male vive troppo in superficie, tutti sanno dov'è, dove trovarlo in ogni momento... Come quelle persone che riaccendono il telefonino appena l'aereo si ferma, per dire che stanno bene. Non c'è più uno spazio intimo, per questo la nostra epoca sta così male.
Bisogna avere uno spazio segreto, come i bambini quando giocano a nascondersi. Uno spazio dove nessuno ci trovi: se non sai chi sei e come sei, se non hai progetti, l'anima scende in campo e fa quello che va fatto per te, così come il seme fa la pianta segretamente e come le radici la tengono in vita, nascoste nella terra.

Faccio questo lavoro perché credo solo nelle risorse interiori, perché c'è un "tesoro energetico" dentro ognuno di noi, che sa curarci come nessun farmaco è in grado di fare.
Occorre evitare di parlare di sé, dei propri problemi, dei propri segreti... Non c'è niente di cui dobbiamo disfarci: qualsiasi cosa è accaduta è accaduta. Perdónati, e basta!
Custodire i propri disturbi significa sapere aspettare: come una donna gravida fa un bambino in nove mesi, l'anima, con l'ansia, ci annuncia che sta partorendo la sua crea-

tura, o meglio l'essere unico e speciale che sei, e che ti sei dimenticato di essere. Custodire i disturbi vuol dire osservarli, cedere e aspettare...

Faccio questo lavoro perché non ho fretta e soprattutto non ho niente da aspettare. Sì, nessuna aspettativa!
Quando dai miei pazienti mi aspettavo che guarissero, non succedeva quasi mai. Adesso non mi aspetto niente e li vedo migliorare in modo misterioso. Se io non mi aspetto niente da loro, anche loro imparano a non aspettarsi niente... Diventano ascoltatori di ciò che c'è e lo accolgono.

Faccio questo lavoro perché non cerco mai di mandare via quello che disturba i miei pazienti. E insisto sulle Immagini. C'è sempre un'Immagine che ci riguarda: basta chiudere gli occhi.

Faccio questo lavoro perché credo alla vita così com'è, mi piace così com'è e non ho nessuna intenzione di fare qualcosa per modificarla.

Faccio questo lavoro perché ho imparato a vedere gli dei in ogni cosa, in un animale che incontro, in una farfalla che vedo prima di una conferenza, in un disegno sui muri che mi appare all'improvviso, nelle parole che sento dal primo venuto.
Sono come Ulisse e cerco i segni degli dei nelle cose intorno a me: li cerco senza sforzo, semplicemente ho raffinato la vista.

Faccio questo lavoro perché ragiono come se tutto fosse cosmico: un sogno, una paura, una depressione. Perché so che non c'è mai niente di personale in ciò che accade, anche se tutti credono il contrario.
Nessuno ti ha abbandonato, è inutile perdere tempo a ritrovarlo. L'abbandono è la sensazione dell'addio alle cose e al nostro modo di guardare le cose. Le sofferenze da abbandono sono il richiamo degli dei, perché tu vada ad abitare in una casa più grande, dove c'è un'altra identità, un'altra vita, altri amori, altri lavori, altre cose.
Così ogni disagio che mi arriva lo guardo, lo percepisco,

mi faccio travolgere e aspetto. Allora il dolore che mi arriva, prepara il nuovo mondo che sarò. Così facendo so che scoprirò nuovi modi di essere.

A ogni paziente che viene da me so che devo dire qualcosa che non ho mai detto a nessuno. All'inizio mi sembra impossibile, poi da qualche parte mi vengono le parole giuste, le immagini giuste. Non dipende da me, eppure mi appartiene.

La vita è una magia da osservare, senza commenti

Faccio questo lavoro perché ho imparato a guardare le coincidenze, i veri miracoli della vita.

Come l'altro ieri, mentre ero in auto e pensavo all'amore eterno: contemporaneamente vedo due colombi che volano sul tetto. Si fermano e si mettono a tubare. Nello stesso istante l'immagine dell'eternità degli amori dentro di me ha una corrispondenza concreta nei due colombi. La mia immagine mentale e i colombi erano la stessa cosa: in quell'istante, psiche (la mia Immagine) e materia (i due colombi) coincidevano.

Quando arrivano questi segni so di non avere buttato via tutti questi anni. Questo è lo psicologo che sognavo di essere: cioè uno che guarda la magia della vita e tace! Non sono questi i miracoli dell'anima? Perché non riusciamo più a vederli, guardarli e contemplarli?

Faccio questo lavoro perché, quando mi capitano queste cose, sono nella casa del mondo e posso fidarmi di me stesso e dell'universo che mi abita.

Se questi "piccoli miracoli", come li chiamerebbero i *chassidim*, non vengono a trovarmi almeno qualche volta nel corso della giornata, allora penso che mi sto smarrendo, che la mia vecchia mentalità sta tornando in auge. Sono giorni persi quelli in cui i nostri occhi vedono solo la nostra persona, che è la nostra maschera.

Se penso all'amore eterno e due colombi, animali sacri a

Venere, si mettono a volare sulla cima di un tetto e a tubare, allora sono seduto sul "lato cosmico" dell'anima. Sono estraneo a me stesso e sono la totalità... Per guarire bisogna essere estranei e *totali*!

Ecco perché faccio questo lavoro: perché mi aiuta sempre di più a vivere nell'incertezza, a non avere alcuna sicurezza, a fidarmi solo del mondo interiore e delle sue leggi magiche.

Bibliografia

Borel, Henri, *Wu Wei*, Neri Pozza, Vicenza 1999.

Buber, Martin, *Storie e leggende chassidiche*, Mondadori, Milano 2008.

Carofiglio, Gianrico, *Indagine sulla parola*, in "Corriere della Sera", 13 settembre 2009.

Cerquetti, Giorgio, *Saggezza senza tempo*, Anima, Novara 2007.

Corbin, Henry, *Corpo spirituale e Terra celeste*, Adelphi, Milano 2002.

–, *L'immaginazione creatrice*, Laterza, Bari 2005.

–, *Storia della filosofia islamica*, Adelphi, Milano 2007.

David, Filip, *Il principe del fuoco*, Zandonai, Rovereto 2009.

Florenskij, Pavel A., *Il simbolo e la forma. Scritti di filosofia della scienza*, Bollati Boringhieri, Torino 2007.

Franz, Marie-Louise von, *Alchimia*, Boringhieri, Torino 1984.

–, *Il mondo dei sogni*, Red, Novara 2003, p. 79.

–, *I miti di creazione*, Bollati Boringhieri, Torino 1989.

–, *La gatta: una fiaba sulla redenzione del femminile*, Magi, Roma 2008.

–, *La morte e i sogni*, Bollati Boringhieri, Torino 1997.

Goethe, Johann Wolfgang, *Massime e riflessioni*, Fabbri, Milano 1996.

Guénon, René, *Scritti sull'esoterismo islamico e il Taoismo*, Adelphi, Milano 1997.

Hillman, James, *Il codice dell'anima*, Adelphi, Milano 2007.

Hultkrantz, Åke, *Conception of the Soul Among North American Indians*, Statens Etnografiska Museum, Stockholm 1953.

Jung, Carl Gustav, *Ricordi, sogni, riflessioni*, Rizzoli, Milano 2004.

–, *Sincronicità: 1952*, Bollati Boringhieri, Torino 1983.

Krishnamurti, Jiddu, *Libertà dal conosciuto*, Ubaldini, Roma 1973.

Langer, Jiri, *Le nove porte: i segreti del chassidismo*, Adelphi, Milano 2009.

Lavater, Johann Kaspar, *La fisiognomica, o l'arte di conoscere gli uomini dai tratti della loro fisionomia, i loro rapporti con i diversi animali, le loro inclinazioni, etc.*, Atanor, Roma 1988.

Lo Giudice, Santi, *Friedrich Nietzsche: il corpo e il suo divenire*, Edizioni Riza, Milano 1987.

Madera, Romano, *Il nudo piacere di vivere: la filosofia come terapia dell'esistenza*, Mondadori, Milano 2006.

Montaigne, Michel de, *Il benessere fisico e spirituale*, Mondadori, Milano 2006.

Montanari, Moreno, *La filosofia come cura*, Unicopli, Milano 2007.

Moore, Thomas, *I pianeti interiori. La psicologia astrologica di Marsilio Ficino*, Moretti & Vitali, Bergamo 2009.

Nietzsche, Friedrich, *Aforismi*, a cura di Marco Vannini, Newton & Compton, Roma 1993.

–, *Come si diventa ciò che si è. Ecce Homo e altri scritti autobiografici*, a cura di Claudio Pozzoli, Feltrinelli, Milano 2008.

Pierrakos, Eva, *Il male e come trasformarlo*, Crisalide, Spigno Saturnia 1992.

Proust, Marcel, *Massime e aforismi dalla* Recherche, a cura di Massimo Baldini, Newton & Compton, Roma 1994.

Schlanger, Jacques, *Come vivere felici. Conversazioni con Epicuro, Epitteto e altri amici*, Il Melangolo, Genova 2002.

Schopenhauer, Arthur, *La saggezza della vita*, Newton, Roma 1994.

Serrano, Miguel, *Il cerchio ermetico*, Pentalinea, Prato 2005.

Taylor, Edward B., *Primitive Culture*, vol. 1, London 1871.

Wilde, Oscar, *Aforismi*, Barbera, Siena 2008.

Woodman, Marion, *Puoi volare, farfalla*, Red, Como 2004.

Arnoldo Mondadori Editore S.p.A.

Questo volume è stato stampato
presso Mondadori Printing S.p.A.
Stabilimento Nuova Stampa Mondadori - Cles (TN)

Stampato in Italia - Printed in Italy